Live a colorful and cheerful life.

Mayuko Yokota

毎日が楽しくなる素敵な色づかい

横田真由子

CROSSMEDIA PUBLISHING

Prologue

希望をくれたマリーゴールド

世界が静止してしまったような長いおうち時間を過ごす中、あるとき、「マリーゴールド」をテーマにした歌がラジオから流れてきました。

懐かしささえ感じる、そのメロディと声に癒されながら、目の奥にはマリーゴールドの黄色い花が、緑の草原の中で揺れている風景が広がっていきました。

その場所には、燦々と降り注ぐ太陽の光と抜けるような青い空。そんな背景をキャンバスにして、存在感を示すように、すっくと立つマリーゴールドの黄色い花が、不安だった私の心に希望という根っこを下ろしてくれるように感じました。

私は早速、近所の花屋に出かけ、マリーゴールドの入った黄色い花の寄せ植え鉢を買いました。家に帰ってベランダに置くと、心からの笑顔が戻ってきました。黄色い花が、「笑顔を忘れていない？」「未来は希望に満ちているよ」と教えてくれたのです。黄色のキーワードは「希望」、「光」。色から元気と勇気をもらった瞬間でした。

もし、この世の中が、白や黒、灰色といった無彩色ばかりだと想像してみてください。心は渇き、気分はどんどん落ちていきます。暗闇のような不安を感じるとき、どっちへ行けばいいかわからないグレーなトンネルの中にいるときは、有彩色のチカラを借りてみませんか？

目から、まず最初に飛び込んでくる色は、私達の心にたくさんのメッセージを届けてくれます。そして、自然と惹かれる色には、そのときの自分の心理状態が表れています。

どんなに混沌とした時代にも、世界は色であふれています。彩りあふれる心で、未来を見つめていきましょう。

本書が、あなたの心に鮮やかな虹の橋をかけるきっかけとなりますように。

毎日が楽しくなる素敵な色づかい　目次

Chapter 3 移り変わる季節の色の楽しみ方

Color of Season

Chapter 4 洗練された装いをつくるファッションの色

Color of Fashion

Chapter 5
心が潤う色とご褒美アイテム
Color of Items

Chapter 6 憧れのあの人が愛した色

Color of Lady

読者特典

Gifts for Readers

Cato Friend
描き下ろしイラスト

本書のために描き下ろされた章末イラストをダウンロードできます。スマートフォンの壁紙などにどうぞ。

Questions
マイカラーシート

各章末の問いに答えを書き込めるシートをダウンロードできます。
イメージにぴったりの色を塗ったり、切り抜きや写真を貼ったり、あなただけのカラーブックを作ってみてください。

ダウンロードはこちら

Chapter

1

モノトーンの世界からの脱出

Color of Mind

五感をフル活動させる
日常

Live a colorful and cheerful life.

1

毎日、同じような時間を過ごす中で、ふと、マンネリに陥ったような気分になることはありませんか？　いつも同じようなものを食べ、同じような服を着て、同じようなルーティンを繰り返す。私も、自分を喜ばせることも、うっとりさせることもなく、心が動かないまま、「あーあ、今日も夕方になってしまった」と、だんだんと暮れてゆく空を見ながら、虚しさでいっぱいになることがありました。

そんなとき、ある紀行番組に出会いました。

ファッション、グルメ、インテリア、雑貨など、世界各地に眠る素敵なものを、その道のプロフェッショナルがバイヤーとして掘り起こしながら旅をするのですが、ものの素晴らしさだけではなく、その背景にあるキラ星のようなストーリーに触れ、その美しいものが生まれた街の景色も堪能することができます。バイヤーの本物を見分ける目、あふれる感性に刺激を受け、画面いっぱいに広がる街の色や空気感、そこに暮らす人の息づかいやエネルギーが乾いた心に染み渡ってきました。

日常の中でものを愛し、大切に手入れをすることが、生活の一部としてともにある風景を観ながら、静かな高揚感に包まれていました。

心の中に赤や黄色や青や緑や、様々な色が広がっていき、美しいものを見ること、美しい色を感じることで、こんなに満たされるのかと、心が震えました。

ハワイの色、ニューヨークの色、パリの色、街の色はその国の文化であり、人々の息づかいです。どの国の人々も、今、目の前にある小さな楽しみを大切にしていました。日常生活の楽しみは、小さなことに大きな喜びを見いだすことだと改めて気づいたのです。

それには、心を動かす五感を大事にすることです。

五感が働かず、心が躍動しないときは、「キタキタ！　要注意」と自分に信号を点滅させ、小さな「いいね」を集めていく。ほんのささいなことだけど、ちょっと「いいね」と思えるものやことを探していきましょう。

散歩しながら、名も知らない道端に咲く花やお洒落なカフェの看板を写真で撮ったりして、自分の「いいね」を集めていくことは、誰もができる、心の塗り絵です。幸せな暮らしを送るための秘訣は、常に自分の五感に意識を向け、小さなことを見逃さず感じていくことです。自分にとっての「いい見た目」「いい匂い」「いい感触」「いい音」「いい味」を求めて暮らしていきます。

いつもと同じシャワージェルの香りに飽きてしまっているなら、ちょっとリッチなものに変えて、朝からシャワーを浴びて、香りのご褒美で自分を喜ばせてあげます。そして、少し肌寒い朝には、カシミヤのカーディガンの肌触りで心をあたためてあげましょう。

バカンスに出かけなくても、私たちには日常のあらゆることを楽しいものに変えるチカラがあります。それは、今という時間を味わうことです。小さなことに目を向け、良いことも悪いことも、すべてを受け止めていきましょう。そうすれば、何が起きても大丈夫という覚悟ができるはずです。

恐れる気持ちと感謝の気持ちは、心の中では同時に感じられないと聞きました。見えない明日に恐れの気持ちを抱いてしまうときは、今日、この瞬間に生きていることに感謝して、五感をフル活動させましょう。

2

色という気の粒子をまとう

Live a colorful and cheerful life.

白い手袋をはめて、私はガラスの戸棚の鍵を開け、小さなクロコダイルの真っ赤なバッグをお客様の前に、そっと置きました。

ある老舗ホテルの中のハイブランドショップ。そのときの私は販売員として入社したばかりで、瀟洒な雰囲気にのまれたまま、慣れない日々を送っていました。

ブランド品など縁のなかった私は緊張感のあまり、失敗ばかりを繰り返して、自信を失っていました。

けれど、この赤いバッグが入荷してきたとき、その色のあまりの美しさに息をのみました。

凍り付いていた自分の心に、赤い血液が流れ出したような瞬間でした。

「これを堂々と持てるような女性になりたい」

このバッグを見せてとおっしゃるお客様は、皆、色気のある、自信に満ちた華やかな方ばかりだったのです。

色の気と書いて色氣。気持ちが色づいていて、彩り豊かな存在感を放つ人のことを〝色気のある人〟というのかもしれません。

「やる気」「元気」「勇気」と「気」のつく言葉は他にもたくさんあります。

目に見えない「気」は、その人の内側に薫るように存在していて、その人を包んでいる空気中にも粒子として飛んでいて、周りの人たちに伝染するのです。

色という気をまとうことは、心に彩りの粒子を持つこと。その粒子は生命力の粒となって、人生を動かしていくのではないかと思います。

自粛中は、目についた同じような服ばかりを何となく着て、メイクもせず、モノトーンのような世界で、じっとしていましたが、色のない心は止まったままで、前へ進むことはありませんでした。

お洒落をしたいと思うことはありませんでしたし、また、お洒落なんて不謹慎ではないかという思いもありました。

けれど、今、生きていることを感謝し、明日を彩り豊かに生きていくためには、色という気をまとうことが必要だと思いました。

変わらない日常をつくってくれている方々がたくさんいてくれてのお洒落ですから、感謝をしながら、心が潤う色をまとっていきたい。そして周りにも届けていきたいと感じました。

未来をつくるのは、今の自分の気の色です。

一緒に未来の色を見つめてみませんか？

あなたの未来は、どんな色で、つくっていきましょうか？

3

与えたい印象によって変える色選び

Live a colorful and cheerful life.

ファッションや色に興味を持ち「パーソナルカラー」を学んだのは、30代のときです。カラーコーディネーターの資格を取りました。そろそろ自分らしい色を選びたいと思ったからです。

ご存知の方も多いと思いますが、パーソナルカラーは、３００枚くらいの布を顔に合わせて、肌や髪、目の色から似合う色や似合うトーンを診断していきます。個性を大切にするアメリカで生まれたシステムで、自分を引き立たせる色＝自己主張を大切にするためのひとつのツールだと納得しました。

第一印象では、見た目のインパクトは大きいので、何を着るか、何色を着るかは重要です。出会ったとき、人は身だしなみと表情に目がいくからです。

顔色がくすんで見えたり、元気のない印象に見える色がわかると、買い物も失敗しません。

やめるものが明確になると、自分のスタイルができます。

色はまず、好きな色や、ときめく色を自分のために楽しめばいいのではないでしょうか。

そして、その上で、「この色を着ていると他者から、どう見えているか」という想像力で、社会性と自分らしさの両方のバランスを取っていくことが重要だと思います。

他者との関係性の中で色を上手く使っていければ、次第に効果的に使いこなす技が身についていきます。

ぱりっと決めて、しっかりと意思を伝えたいのか、それとも、空気に馴染んで、ゆったりとお付き合いしていきたいのかなど、相手とどういう関係でいたいのかも含めて、色を選んでいきます。

以前、アメリカで活躍するカラーコーディネーターの講演会に出かけたことがあります。１００人くらい座れる大きな会場で、その方の着ていた服は、黒いロングスカートに黄色い光沢のあるブラウスでした。胸には同じ黄色の大きな花のコサージュが咲き誇っていました。

この組み合わせは、身振り手振りが大きく、ハキハキと話す先生のキャラクターに、とても似合っていました。「この配色が目に入ると眠くなりませんよね?」と笑っていました。

確かに、黄色と黒の配色は、工事中のマークにも使われていて、遠くからもハッキリとわかります。まさに、色の専門家としてのチョイスであり、スピーカーとして、観客の目を意識して色を選んでいたのです。

大きな会場で100人の前に立つときと、小さな会場で顔見知りの方の前で話すときとは、服装も色も違ってきます。

自分が今置かれている場所や特性によって、選ぶ色は変わるでしょう。

その人の生き方やライフスタイルによって、選択は様々です。自分の色を選べている人は、自分を輝かせるスタイルを持っています。

4 3色配色の魔法

Live a colorful and cheerful life.

カラーコーディネーター一級の資格試験を受けたときの実技は、「3色配色」でした。例えば、テーマが「酸っぱい」であれば、そう感じる色を3色で表現します。どんな色を想像しましたか？　明るい黄色や緑、白でしょうか。3色あれば、世界観が十分表現できるということは発見でした。

3というのは、魔法の数字ですね。プレゼンテーションでも「大事なことは3つあります」と言われれば、すっと頭に入ってきますが、5つだと多すぎます。

また、3つといえば、ランディ・ザッカーバーグ氏が著書の中で提案した『ピック・スリー』を思い出します。自分の人生にとって大切だと思うカテゴリーを洗い出し、その中で毎朝、3つだけを選び、そのタスクに集中することだけを考えましょうという教えです。

例えば、仕事、睡眠、家族、運動、友人という5つのカテゴリーがあるとします。朝、起きて、今日は、「仕事」「睡眠」「家族」の3つを選択したならば、運動ができなくても罪悪感を持たない、友人からのメールの返事が来なくてもイライラしないと自分に言い聞かせます。それは、選択しなかったのですから。

手放すことができれば、すべてがシンプルになります。

生き方もファッションコーディネートもシンプルに考えてみませんか。3色あれば自分の世界や、どんな人間かを、色を通じて表現できます。余計な色は、必要ないのです。

私は、まず、自分のファッションテーマとベースカラーを決めます。「スポーティ&エレガンス」なら、ブルー系のパンツスーツをベースカラーに、柔らかいペールトーンのピンク色のブラウスを合わせていきます。このピンク色をアソートカラーといい、ベースカラーの次に面積の広い色で、ベースカラーを補完してバランスをとってくれます。そして、アクセントに白のリュックやスニーカーをプラスすると、スポーティさが加わります。

上手く3色コーディネートができないという方には、同系色を使うハーモニー配色をお勧めします。ベーシックカラーの濃淡でグラデーションをつくっていく配色です。

グレーが好きなら、チャコールグレー（濃いグレー）のフラノのボトムに、薄いグレーのニットを合わせます。ここにシルバーグレイのファーやストールを合わせると全体が調和し、上品な装いになります。「グレーだけでは寂しいのでは？」と思いがちですが、トーンや素材、形が変わればメリハリが出ますし、同系色は肌の色をより引き立たせる効果があります。

さらに、アクセントカラーとしてプラスするなら、シックにしたいときはボルドー、ポップに見せたいときは明るいイエローのバッグをプラスします。バッグは体から離れていますし、面積も小さいのでアクセントになり、変化を楽しめます。

まずは、人生にとって大切だと思うカテゴリーを決めるように、ベーシックカラーとテーマを決めませんか。ベーシックカラーの濃淡をワードローブに揃え、テーマに合ったときめく色を同居させていきます。そうすれば、あなたらしい空気感をまとったワードローブの完成です。

5

色を丁寧に選ぶと自信が持てる

Live a colorful and cheerful life.

クレヨンや絵の具の12セットの色くらいしか知らなかった私が色の奥深さに興味を持ったのは、ショップの先輩が買ってきてくれたイタリア土産の手袋でした。

私達スタッフ12人の前でズラリと並べられた茶系の色のバリエーションに、目を見張りました。深い焦げ茶から金茶、チョコレート色、キャメル、薄いベージュまで、グラデーションの美しさにため息がでました。なんて多くの茶色が存在するのだろうと、ヨーロッパの色に対するこだわりや美意識に驚愕し、自分に合った色を選び抜くという文化に感動しました。

また、当時、勤めていた百貨店でも、こんなことがありました。

ストールのインポートブランドの店員さんが、何枚ものピンクのストールを手に、お客様と一緒に、自然光の差し込む場所で、一枚一枚、色を丁寧に確認していました。店員さんもお客様も真剣そのものです。

今は、照明もかなり工夫されているので、このようなことは少ないと思いますが、お洒落なお客様ほど、厳しく色を吟味され、時間をかけて、色を選びます。

真剣勝負で、ひとつの色を選ぶ、その姿勢が勉強になりました。

洋服は、色、素材、形の3要素でできています。

上質な素材や卓越した技術が詰め込まれたシルエットを持つ服は、着る人をも上質に、そしてプロポーションをよりよく見せてくれますから、決して安いものではありません。けれど色はお金をかけなくても手に入ります。赤も青も同じ値段です。色こそ安易に選びがちですが、やはり丁寧に選ぶべきです。

一番美しい色とは、素材やシルエットの良さを邪魔することなく、着る人の美しさを引き出してくれる色。そんな色を選ぶことができれば、自分に自信が持てるのではないでしょうか。

6

黒という色の奥深さ

Live a colorful and cheerful life.

表参道を歩いていたら、素敵に黒を着こなしているマダムとすれ違いました。黒のサブリナパンツに黒のタートルネックセーターは、まるでオードリーヘップバーンのよう。グレーヘアをくるくるとアップにまとめ、くたくたに使い込んだ黒のバーキンもいい感じ。クロコダイルの黒のローファーで颯爽と歩く姿は全身黒なのに、何て華やかなんだろうと、振り返ってしまいました。

私も全身、黒だった時代があります。けれど私にとって黒は、汚れも目立たないし、何でも合うしと、冒険しなくていい、安心できる色でした。買い物にいくたび、「やっぱり黒でいいや」と思っていました。

当時、ひとり暮らしの1Kのアパートのカーテンも黒、本棚も黒、テーブルの下に敷いたラグも黒と、黒づくめの生活を送っていたのです。

「失敗したくない」と思う気持ちが、黒ばかりを選ばせていたのではないかと思います。

「黒でいい」と「黒がいい」は、全く違います。文字通り、ただの「黒子」のようでした。

ある日、先輩とランチに出かけた私は、お茶をおごるわよと言われ、「コーヒーでいいです」と言いました。そのとき、先輩に「コーヒーでいいって、本当は何がいいの？」と聞かれ、「えっ？　ほ、本当にコーヒーが飲みたいです」と言い直したのです。

色だけでなく、すべてにおいて「○○でいい」という諦めに似た気持ちで選択していると、黒子のような人生になってしまいます。

人生の節目となる大きなことから、今日、何を食べるか？　何を着るか？　という小さなことまで、人生は選択の連続ですから、「私は、○○がいい」と主体的な選択ができることが、悔いのない人生を生きることになるのだと、今は思います。

買い物も「これでいいや」と妥協して買うくらいなら、買わない方が賢明です。

黒という色は、妥協や諦めで身につける弱い色ではなく、意志のある強い色で、究極にお洒落な色です。着ている人の中身の充実度が出る色です。

上手く着こなしている人を見ると、「洗練された素敵な人だな」と、人生の奥行きまで感じさせる色なのです。

自分なりの個性を生かした唯一無二の黒の着方をマスターするためには、街角ですれ違ったとき、ハッと振り向くような黒の着こなしをしている人の真似から入門するのが、一番近道ではないでしょうか。

ライダースジャケットなどの辛口テイストで格好良く黒を着ている人、シンプルなブラックドレスを華やかに着ている人など、素材や合わせ方、小物使いで表情が変わります。

私のお勧めは、自分が一番上品に華やかに見えるシンプルなブラックドレスを探してみることです。シンプルな黒ほど、素材や形の良し悪しが出ます。

自分を美しく魅せてくれる納得した一着を選べたとき、黒がしっくりと似合う大人の女性への第一歩になるのだと思います。

Questions :

Color of Mind

黒白以外、1色だけ選んでいいと言われたら、
何色を選びますか?

その色を選んだ理由は?

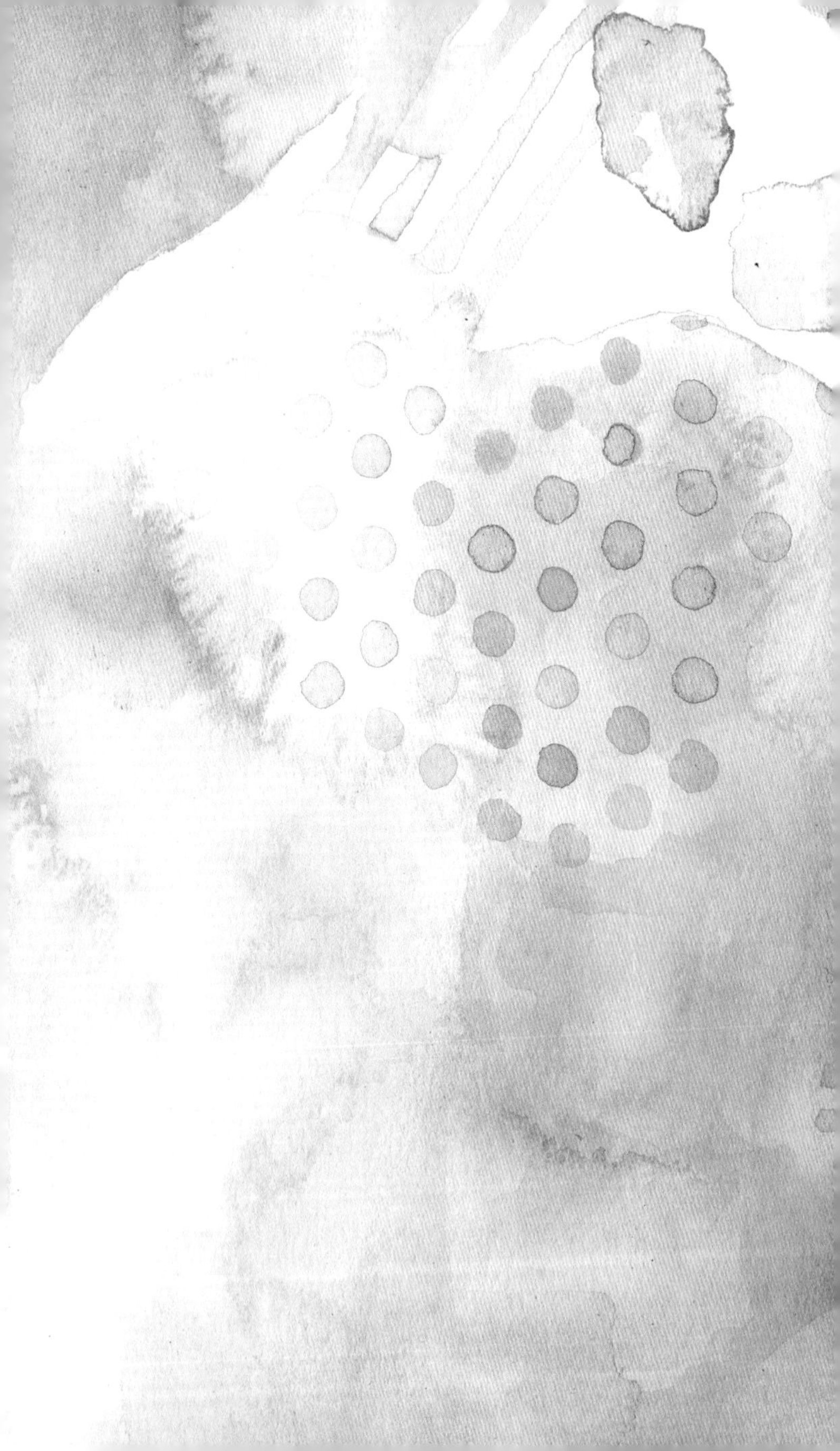

Chapter

2

心を整える 暮らしの色

Color of Lifestyle

隣町のスーパーマーケット

Live a colorful and cheerful life.

1

遠くへ行けない期間は、これまで行ったことのない隣町のスーパーマーケットまで、散歩がてら出かけることが楽しみになりました。

それぞれの街の風景には、その街ならではの色がありますが、それがよくわかるのがスーパーマーケットです。

スーパーマーケットが違えば、品揃えも違うので、食卓の彩りも変わります。

長いおうち時間で、改めて生きる基本は食だと実感しました。三食を充実させることで、エネルギーが湧いてきます。

色とりどりの旬の野菜や果物から、パワーをもらいました。

こんなに、スーパーマーケットが楽しいと思ったことはありませんでした。日常におけるテーマパークとさえ思ったのです。

外国人の方が多く住む街のスーパーマーケットには、食材だけでなく生活雑貨も、見たこともないものが揃っていて、ワクワクします。

ある店では、特に柔軟剤の種類の多さに驚きました。外国のホテルのような香りは、脳にダイレクトに響き、異国に連れていってくれるようでした。

洗濯の回数も以前より多くなったので、いろいろな柔軟剤を試してみて、嗅覚から気分転換をしていました。「今すぐ気分を変えたい！」というときは、香りを変えるのが一番です。

柔軟剤だけでなく、ルームフレグランスやアロマキャンドルなど、いつもと違う香りが、いつもと違う空気感を一瞬でつくってくれます。

今でも、お気に入りのエコバッグを持って、隣街のスーパーマーケットで買い物をし、好きなパン屋と花屋にぶらっと寄って、公園の中を通って、少し遠回りをしながら帰ってきます。

遠回りをすることは、ゆっくりと生きることを楽しむこと。街が変われば、色も匂いも変わります。

疲れたときこそ、少しだけ遠くの、色も匂いも違う場所へと歩いていってみませんか。

浄化作用のある白の洗面所

2

Live a colorful and cheerful life.

心に溜まったモヤモヤ、イライラを手放したいとき、私は水のチカラを借ります。

手を洗う、顔を洗う、髪を洗うなど、水とともに、いろいろなものが流れていくとイメージするとスッキリします。

「海は浄化、山は癒やし」と言われますが、水にはリセットしてくれるチカラがあると思います。


手と顔を洗う洗面所には、白を多く使っています。白も「浄化」を表す色です。タオル、ハンドソープ、ランドリーリキッドなどの備品は白で揃えると確かに汚れやすいのですが、汚れが目立つことで、「あ、掃除しなくちゃ」というスイッチが入ります。

「この場所に置くものは白」と決めてしまうと買うときに迷いませんし、要らない色は引き出しに収納したり、思い切って処分したりと、持つもの、捨てるものが明確になります。決断疲れを起こさないために、色を決めることもひとつの方法なのです。

そして、掃除をラクにするためには、極力、余計なものは置かないことです。

イライラした気持ちを手放したいときには掃除が効きます。洗面所の白が薄汚れていないか、ホコリが被っていないかをチェックします。

『THE WEEKEND HOTEL』のタオル、『SHIRO』のハンドソープ、『エコストア』のランドリーリキッドは、白×黒のデザインがお洒落でテンションが上がります。ひとつだけでも心ときめくものを置いておくと、キレイをキープしようという気持ちが高まります。

水回りを美しくしている人で運の悪い人を私は見たことがありません。すべてが順調に循環しているイメージです。出口である水回りの気の流れがスムーズになることで、新しい運が入ってきやすくなるのではないかと思います。

3

Live a colorful and cheerful life.

リラックスできる
海の色のバスルーム

海の見える家に住んで、海の見えるバスルームで朝日や夕日を眺めながら、お風呂に入れる暮らしは、誰もが憧れるのではないでしょうか。

バスルームも洗面所と同じように浄化の場所なので、疲れが溜まっているときは、「心の平和の色」と言われている青の入浴剤やバスボム、バスソルトを選びます。

色の勉強をしていたとき、青の効用について学びました。

青い壁と赤い壁の喫茶店では、待たされたときイライラしないのは青い壁の方だそうです。『ブルートレイン』と呼ばれていた青い夜行列車もありましたが、長旅には、青色が落ち着くのかもしれません。

青には神聖というキーワードもあります。青の洞窟やブルーモスクなど、青と名前がつくものには神秘的な世界観を感じます。

以前、河口湖のあるホテルに泊まったときのことです。ひとつひとつの部屋のインテリアは違うのですが、備品のコーヒーカップやアメニティ、ベッドリネンまでがブルー系で統一されている部屋に案内されました。

美しい富士山が見えるバスルームもブルー系で、何時間でもここにいられると思いました。

ある起業家の女性は、朝のバスタイムが、唯一のひとりの時間だと教えてくれました。ご主人が朝食の担当で、朝のバスタイムの時間はお子さんの面倒を見てくれる約束なのだそうです。バスルームにポータブルＴＶを持ち込み、映像と音楽と、お気に入りの青いバスボムを入れたお湯を楽しむひとときは、頭と体をリセットし、かつ充電できる至福の時間ということでした。

ひとりになれる場所は、青色がゆるやかなひとときを演出してくれるのかもしれません。

寝室には回復の緑

4

Live a colorful and cheerful life.

寝室は、元気ややる気といった気を回復させる場所ですから、回復の色である緑の観葉植物をひとつだけ置いています。

寝室にはベッドのみ、他の家具を置かないことで、「ここは寝るためだけの場所」と脳にインプットできる気がするのです。ドアを開けた瞬間から、睡眠モードのスイッチが入ります。

ものを置かないことで、換気も十分に行われますから、2か所の窓を開ければ、部屋中に風が通り抜けます。

風がよく通ると、心も体も快適なだけでなく、家自体も長持ちするのだそうです。淀んだ空気が停滞していると、照明や壁などに汚れがつきやすく、掃除も時間がかかります。

朝一番で大きく窓を開けて、風を呼び込むと、一日が始まります。

そして、どんなに急いでいる朝でも、ベッドメイクだけは必ずやると決めています。

ホテルのように整ったベッドは、テンションが上がりますから、美しく整える朝の習慣が、心を整えてくれる儀式です。

ホテルのような寝室に憧れて、ベッドシーツやピローカバーを見に出かけたのは『ザ・コンランショップ』でした。選び抜かれたリネンや綿の手触りは、高級ホテルのように極上で、思い切って、白と薄いベージュの太いストライプのものを一式揃えました。ひとつだけ置いた観葉植物の緑もよく映えます。

ベージュ×白×緑の組み合わせは、私にとって癒やしの配色です。

ハイブランドショップの販売員時代に出会ったマダムも、ベッドやベッド周りのアイテムには、妥協しませんでした。眠っている時間は人生の3分の1。長く使うものには、お金をかけるのが哲学だからです。

癒やしの空気感であふれる寝室は、明日へのエネルギーの源です。

橙の灯りが揺らぐ窓辺

Live a colorful and cheerful life.

5

おうち時間をベランダで楽しむ「ベランピング」が注目されました。少しでもアウトドア感を楽しみたいと、いろいろな工夫をしながらベランダを癒やしの空間へと改造した方も多いと思います。私の家のベランダは狭いので、ベランピングは諦め、窓の近くに小さなコーナーをつくりました。そこに『バルミューダ』のランタン型のランプを置いて読書をすることにしました。アウトドア気分が楽しめて、キャンドルとはまた違った良さがあります。

炎の色を見ていると心が和んできます。

「1／f揺らぎ」という言葉は、聞いたことがありますか？　一見規則的なようでいて、実は不規則な揺らぎのことを指し、そよ風、木漏れ日、雨音など、自然界の中に多く存在するそうです。音楽療法の中に出てきて知った言葉ですが、「1／f揺らぎ」を含んだBGMは心地良さを生み出し、私達の生活に良い影響を与えると言われています。炎の「揺らぎ」もそのひとつで、心臓の鼓動とリズムが同じため、リラックス効果があるのだそうです。

また、炎の色であるオレンジ色は、焚き火を連想させ、「非日常」を感じる色でもありますので、日常の疲れを溶かしてくれるのかもしれません。

炎の揺らぎとともに、心に余白をつくります。

不要不急は控えるようにと言われて、何が不要なのか、何が不急なのかを考え抜いた日々。「急ぎではないけど重要なこと」を大切にしたいと、このオレンジ色の灯りを見ながら思ったことを忘れないでいたいと思います。

震災のときもそうでしたが、「当たり前のことが当たり前でなかった」という気づきも、時の流れとともに風化し、忘れていきます。

大切な人とのつながりが、こんなに大事だと感じたことを忘れないでいたいですね。

衣食住だけでなく、大切な人との絆が生きていくための大きな支えになることを、誰もが感じたのではないでしょうか。

オレンジ色は、コミュニケーションカラーだとも言われています。

自分の心と大切な人の心をつないでくれる色。これからの時代にこそ、心に灯したい色、大事にしたい色かもしれません。

北欧の空気を感じる白木の椅子

6

Live a colorful and cheerful life.

北欧では、長い冬を過ごす家を居心地の良い空間にするために、特に椅子をとても大事にします。

長いおうち時間で、改めて椅子の座り心地に注目した人も多いのではないでしょうか。

デンマークには、名品と言われている椅子がたくさんあります。

『Yチェア』『セブンチェア』『アリンコチェア』と呼ばれているものなど、座り心地の良さとデザインの美しさ、耐久性を兼ね備えています。

デンマークの人は、自分にとって一番リラックスできる椅子を選び抜き、長く大切に使います。妥協しません。そして気に入ったものは、代々受け継いで使っていくという、ものを大切にする文化が根付いています。

デンマークは、世界幸福度調査で何度も1位を獲得しています。「ヒュッゲ」という、デンマーク人が大切にしている時間の過ごし方や心の持ち方を表す言葉も話題になりました。

量ではなく、質を高める暮らしです。

余白のある時間の使い方や、心地良い空間のつくり方、無理をしない、見栄をはらない心の持ち方は、自粛期間に、改めて学ぶことは多いと感じました。

ヒュッゲの根底にある「今、持っているもので満足する」という考え方は、「足るを知る」ということです。私は、「今、あるものに感謝」「これで十分」と思うと、じわりと幸せを感じます。

そう感じるには、やはり余白をつくることが必要です。常に時間に追われていれば、当然、片付ける時間もなくなりますし、部屋も雑然としますから、心地良いと感じる空間は食いつくされていきます。「頑張って働いて稼いで、素敵なレストランで食事をして、たくさん服や靴を買ったり、年2回の海外旅行に行っても、本当に満足することがないかも」と感じている人こそ、毎日を過ごす空間を見直してみてはいかがでしょうか。

デンマーク人のご主人が暮らすおうちを見せていただいたことがありますが、白木の家具のナチュラルな色と白を基調にしたインテリアは、清々しさとぬくもり、安らぎを感じました。白木は、木肌の美しさや手触りが心地良く、使い込むごとに飴色に変化し、何とも言えない味が出ます。

使い込まれた椅子は、いい風貌になっていて、家主の優しさが、にじみ出ていました。

ご主人いわく、「天然木は、それぞれ木目の色や個性が違っていて、子供のように思える」と。一緒に歳を重ねるように、天然木の家具と生きていく人生は、とても豊かに感じます。


世の中が便利になり、ＩＴ化が進むにつれ、心が疲弊することも多くなります。

そんな心を癒やしてくれるのは、古くから愛されているものです。古き良き文化や歴史に価値を見いだしていく人が増えるのではないでしょうか。純喫茶や畳、風呂敷などが注目されているのもうなずけます。

時間の経過は、積み重ねられた空気という財産をまとって、存在しています。

ビンテージの椅子との素敵な出会いを求めて、古い家具屋さんをハシゴしてみるのもいいかもしれません。

あなただけのとっておきの居場所、幸せの椅子を見つけてみませんか。

Questions :

Color of Lifestyle

オン（仕事をしているとき）のあなたを
色で例えると？

オフ（プライベート）のあなたを
色で例えると？

Chapter

3

移り変わる
季節の色の
楽しみ方

Color of Season

1

春を引き寄せる
スプリングコート

Live a colorful and cheerful life.

春の日差しに変わりつつある3月の朝、私は相変わらず重いコートを羽織っていました。季節が変わり始めた小さな変化に気づかないときは、心が前向きでないときかもしれません。冬のコートを脱げずにいました。電車を降り、冬の間常用している厚底のブーツを引きずるように階段を上がっていくと、栗色のショートカットがトレードマークである先輩の歩いている後ろ姿が見えました。

その瞬間、目を奪われたのです。

着ていたのは、明るいベージュのスプリングコートでした。少し高めのウエスト位置にベルトのアクセントがあり、先輩の長い脚をより長く見せていました。

私もこのスプリングコートが店頭に入荷したときから、注目していました。試着をして鏡の前では何度も見てはいましたが、後ろ姿をちゃんと見たのは初めてでした。

決してお安くはないのですが、お金を出す価値はあると思いました。この美しい後ろ姿を買うのだと納得したのです。

仕立ての美しいコートは、3メートル先からでも、わかります。ハッと目を見張る存在感がありました。計算しつくされた後ろ姿なのです。

春の初めに、こんな素敵なスプリングコートを着て、颯爽と歩いていた先輩の女っぷりは、確実に2割上がっていました。

足取りも軽く、「春が来るよ」というワクワク感があふれているように感じました。

ひと足先に、重いコートは脱ぎ捨てていたのです。

本来なら追いついて挨拶するところなのですが、その後ろ姿を見ていたくて、3メートル後ろから、ずっとついていったことを思い出します。

私もそろそろ、この重いコートとブーツを脱いで、生まれ変わろうと思った瞬間でした。

春のファッションは、重いものを脱ぎ捨てる解放感があります。

前向きなエネルギーにあふれている春は、「きっとすべてが上手くいく」と思える、心が躍る季節です。出会いと別れの季節でもあり、何かひとつ手放すことで、何かが始まるのではないかと、感じたことを覚えています。

スプリングコート選びは難しく、私は何度も失敗したことがあります。秋も着ようと濃く黄色味の強いベージュを選んで老け見えしてしまったり、やっぱり白がいいと、濁りのない真っ白を選んでしまい、「白衣みたい」と言われてしまったこともあります。

ブルーベースの人はネイビーブルー、イエローベースの人は明るめのベージュを選ぶと春の日差しに映えます。素材は薄手で軽い方が重宝します。秋冬のコートより脱いで歩くことも多いので、重い素材だと疲れます。

そして、試着の際は、後ろ姿のチェックを忘れずに。

幸運は、前からだけやってくるとは限りませんから。

優美さの香る
さくら色

Live a colorful and cheerful life.

2

さくら色のものに惹かれるのは、日本人のＤＮＡでしょうか。

さくら色のお菓子、さくら色の入浴剤、さくら色のコスメ、さくら色の和食器など、さくらの季節になると、たくさん発売されるので、つい欲しくなってしまいます。

さくら色の持つ、優しくて、はかない美しさに心が満たされていくのを感じます。

特に、女性に人気の高い香水は、さくら色のものが多いと感じます。

ロマンチックな甘い香りと、可憐なフォルムで、さらに女性の心をくすぐります。

ランバンの『マリー・ミー！』、シャネルの『チャンス オー タンドゥル』、クリニークの『マイ ハッピー ピオニー ピクニック（午後の公園をイメージしたネーミング）』など、さくら色の香水についたネーミングは、どれも幸せを連想させるものです。

香水をつけるとき、手に入れたい気分を、ネーミングから選ぶのはいかがでしょうか。デートなら『マリー・ミー！』、商談の日には『チャンス オー タンドゥル』、休日の散歩なら『マイ ハッピー ピオニー ピクニック』など、思い通りの一日になりそうな気がします。

上皇后美智子様が、園遊会でお持ちになっていた最高級の透明傘の持ち手は、さくら色でした。

公人の方々のお洋服や、お持ちになるものの色にも、すべてにメッセージ性があると思います。

透明な傘は、雨の中でも、参加者の方々が御拝顔できるようにとのご配慮でしょう。後にこの傘が一般向けに販売される際、『縁結（えんゆう）』という名前がつけられたそうです。

さくらの季節に、上皇后様の笑顔はさくら色のように美しく、やはり優美で品のある、永遠に憧れる色だと思いました。

さくら色から受け取るメッセージは、冷たい雨からも守ってくれそうな優しさがあります。人生には、さくら色の傘が欲しいですね。

梅雨時は
あじさい色で
癒やされる

3

Live a colorful and cheerful life.

梅雨の時期は、低気圧という塊が肩にどーんと乗っているかのような感覚になります。見えない圧力で押さえつけられているように感じて、不安定になりがちです。肩こりや頭痛に悩まされる方は多いのではないでしょうか。

そんなとき、私はあじさいの花を見に出かけます。雨に濡れるほど輝きを放つあじさいの花が咲く場所は、パワースポットだと思います。

生き生きとした、あじさいの生命力と紫色が、パワーをくれます。

紫色は、赤と青でできています。赤と青は対比的な色。情熱と冷静。相反する気持ちが混じり合った、ちょうどいいバランスを感じさせる色でもありますから、癒やしやリラックス効果も期待できるのです。

「中庸」という言葉をご存知ですか？　儒教用語らしいのですが、「多すぎることも少なすぎることもよくない」ということだと教えられました。紫色は、この中庸を思い出させてくれます。何かとバランスが乱れがちな梅雨時に、多すぎるものはリセット、そして足りないものは補ってくれて、ニュートラルに戻してくれるような気がするのです。

紫色は、「直感」というキーワードもあり、インスピレーションを大事にしなさいというメッセージも与えてくれます。

不調のときは、考え過ぎて動けなくなっていたりしませんか。考え過ぎると直感が発動できなくなります。直感を働かせるには、中庸であることが大事です。

まずは、マイナスな気持ちや過剰なものは手放し、本当の自分からの声に耳を傾けます。

うつうつ、ジメジメしている梅雨時、私の朝のルーティンは、簡単な瞑想です。

まずは目を閉じて、こめかみのあたりに、薄紫色のベールが広がっていくようにイメージします。オーロラのような美しいベールです。

その紫色のベールに包まれながら、ゆっくり息を吐いて、吐ききったら、また息を吸います。これを3回繰り返すと、紫色のバランス感覚が戻ってくるような気がします。

ラベンダーなど、リラックス効果のあるアロマを焚きながら行うと、より効果的です。

紫色は平安時代から、美しく優しく、気品と知性を兼ね備えた色として人気だったと言われていて、精神性の高い高貴な色です。あなたを誇り高く包んでくれるのです。

夏の夜は
夕焼け色の
サンダル

Live a colorful and cheerful life.

4

「春はあけぼの」ではじまる枕草子には、「夏は夜」とあります。夏の夜は風情がありますね。夜からの時間が気持ちいいです。ちょっとお洒落をして出かけたくなります。空が茜色に染まってから、だんだんと紫色へと暮れてゆく時間は愛おしく、真昼の気温から夜の気温へと戻っていく空気感や温度感は小さい頃に行った夏祭りの帰り道と同じ匂いがします。人恋しくなるようなこの時間に身支度を整え、出かける準備をするのが好きです。

こんな夏の夜のお出かけに選ぶのが、体を締め付けない、ゆったりとしたサマードレス。体と布の間にゆるやかに風が通るのを感じることができて爽やかです。軽井沢の夏のように涼しげで、淑女気分になれる気がします。

そして足元は夕日のような朱赤のサンダル。歩くことが楽しくなるウキウキした気分にさせてくれて、行動力を加速させてくれるような、存在感のあるサンダルを選びます。

素足で履くサンダルは、履き心地も大切です。足にぴったりと吸い付いてくるような、一体感のあるものが理想です。サンダルを履く季節は、足裏まで解放される気がします。

夏の夜風を、サンダル履きの足から感じて、ときめいて歩くのです。

今のサンダルは、3代目ですが、フリンジ使いの朱赤のスウェードで、歩く度にフリンジが揺れるので、お気に入りです。

そして、メイクは控えめでも、大人の赤リップをきちんと塗ります。

サマードレスは、ファストファッションでも流行の可愛いものが揃っていて、家でジャブジャブ洗えるので、夏に大活躍します。今年の夏だけのお付き合いと決めてヘビーローテーションします。旬の気分を味わい、十二分に楽しみます。

けれど、大量生産のものは、他の人と被ってしまい、恥ずかしかったという話も聞きます。そこで、差をつけるのは、靴やバッグといった小物類です。

印象に残る、存在感のあるサンダル。そしてバッグは定番のカゴバッグや布バッグではなく、あえて小さいレザーのバッグやクラッチバッグを持つのも大人の上品さを際立たせます。さらに大きめのアクセサリーをひとつだけプラスすることで、メリハリ感が出て、ゆるすぎないキレのある夏のコーディネートになるのではないでしょうか。

ときめきながらサンダルで歩く夜が、また、新しい夏の思い出をつくってくれます。

ニュアンス色のストールで秋を深める

5

Live a colorful and cheerful life.

秋は、お洒落な人にとっては、本番です。お洒落モードにスイッチが入る季節だという人は多いのではないでしょうか。

ファッションの本場、イタリアの秋は、茶色のイメージです。茶色から始める秋支度に、心が躍ります。

私が働いていたイタリアのブランドショップでも、エスプレッソのような色のレザーのジャケットやマロン色のブーツやコートが入荷してくると、一気に「お洒落したい」というギアがトップに入りました。

イタリアの茶色の洗練度は、他の国を圧倒しているのではないでしょうか。すべてを包み込んでくれるような包容力のある茶色は、琥珀色に染まる街にぴったり。ヨーロッパのファッションブランドの成熟された深みを感じます。

そして、秋の素材の魅力は暖かさと柔らかさです。上質なものはひと目でわかります。また、素材の良いものを身につけている人は表情が違います。柔らかいものを身にまとえば、表情さえも優しくなります。

ヨーロッパのマダム達は、秋の着こなしに上手くストールを使っています。何ともいえない絶妙な色を選んでいて、奥行きのある着こなしになっています。

顔周りを包んでいるものが上質でニュアンスのある色だと、全体の着こなしもエレガントで、ハーモニーを奏でるように調和して見えました。

ニットと同系色の濃淡だったり、ペールトーンと呼ばれるグレイッシュなものだったり、洗練された匂いを放ちながら、その香りをまとうように巻いていました。

やはり、秋の装いは重ねていく楽しみがあります。

私は秋の旅行で肌寒くなったとき、暖かなシルクウールのストールの実力を実感したことがあります。思ったより肌寒く、セーターかカーディガンを買って寒さをしのごうとしたのですが、気に入ったものが見つからず、ストール3枚を買って、一週間過ごしました。

気に入ったブラウスやニットが見つからないなら、妥協して買わず、肌触りの良い上質なストールを買う方が、暖かさと満足感の両方が手に入ります。

去年と同じセーターとパンツでも、ストールを変えれば新鮮な着こなしができます。

大人御用達のストールといえば、イタリアのテキスタイルメーカーとして創立された『ファリエロ・サルティ』です。一度手にしたら手放せなくなる肌触りはもちろん、アート感あふれるデザインのものから、自然の色からインスピレーションされたものなど、卓越した色の世界観を堪能することができます。

青山にあった直営店は閉店してしまいましたが、１００点以上あるストールを見ていると、美術館にいるような感覚になりました。この秋は、どんな物語を紡いでいこうかと、このストールのコレクションを見ているだけで、お洒落心に火がつきます。

スモーキーピンクやグレイッシュブラウンなど、秋を彩るニュアンスのある大人色をぜひとも探してみてください。そんなストールを重ねれば、秋の深まりを堪能できます。

冬の襟元は
ブローチで
自信をプラス

6

Live a colorful and cheerful life.

ある冬の店頭です。ハイネックの黒のタートルセーターに黒のロングコートを着たお客様の襟元に、素敵なブローチが輝いているのを見つけました。

それは、馬をモチーフにしたもので、エルメスのようでした。黒の装いがぐっと華やかになっていました。素敵なブローチひとつで、こんなに全体の印象が変わるものかと驚きました。

私は、鏡台の引き出しにしまったままの、母からもらったブローチを思い出しました。花の形をしたアンティークのブローチで、当時の私には似合わないと、長い間しまいこんだままだったのです。

取り出して、コートの襟元につけて出かけてみると、いろいろな方から褒められました。顔周りは目立つ場所なので、目につきやすいのではないかと思いました。ネックレスやピアスより、つけている人が少ないので、特別感もあります。

それからというもの、各メゾンを覗くとき、必ずブローチを見せてもらいます。

大きく主張せず、けれど品があって、カジュアルにもつけられるようなものを探していたところ、銀座の『バーニーズ・ニューヨーク』で、リアルファーのブローチを見つけました。

バラの花の形をした焦げ茶のファーで、同じ色のスウェードの葉っぱがついています。そのとき着ていたベージュ系のミックスツイードのコートの襟につけてみると、お洒落度がワンランクアップした気がしました。リアルファーならではの高級感、手触りも発色もよく、お気に入りになりました。ファーのブローチは金属よりもカジュアルな印象でつけやすく、冬ならではのお洒落です。

冬のコートやジャケットなどのアウターは、着こなしの印象を左右するパワーアイテムですから、素材や仕立て、色も妥協せずに選ぶことが大事です。特に襟にはこだわります。仕立ての良いものは、襟が構築的です。販売員のとき、先輩から、「構築的な襟は、上質な布を何枚も重ねてつくられている」と教えてもらいました。

襟は、ジャケットやコートの顔です。襟で品質がわかります。

アウターは、その冬の主役ですから、素敵な物語ができあがるには、主役の力量が欠かせません。

ある女性の国会議員は、遊説で一日中走り回る際、襟にワイヤーを入れて型崩れを防いでいると聞きました。襟で印象が変わることを知っているのです。

「襟を正す」という言葉があるように、大人として恥ずかしくない態度や姿勢で臨みたいシーンでも、襟は非常に重要なのです。

ダークな色が多くなる冬のコーディネートは、襟元のブローチで華やかさをプラスすると、胸に自信が宿る気がします。

Questions :
Color of Season

一番好きな季節の風景の色は?

その色を見ると、どう感じますか?

Chapter

4

洗練された
装いをつくる
ファッションの色

Color of Fashion

1

オフィスで愛される着こなしは「抜け感」

Live a colorful and cheerful life.

丸の内にて、ある日のランチ時のことです。「決めすぎずハズすのよ。後輩から話しかけられやすくなるから」と、明るいパステルブルーのシャツを着た30代の女性は、嬉しそうに言いました。

これは、仕事のやり方の話かと思ったら、ファッションのことでした。自転車通勤をするようになって、パンプスをスニーカーにチェンジ。きちんと決めたいときには、会社のロッカーの置きパンプスと置きジャケットを着用というスタイルに変えてから、普段の着こなしも変わったとのことでした。

ＴＰＯにもよりますが、いつもビシッと決めたスーツのセットアップにハイヒールというコーディネートは、近づきがたい印象を与えてしまうこともあります。

仕事もファッションも頑張りすぎないことで、自分も相手もラクになるのかもしれません。

いまどきのファッションには、「軽やかさ」と「抜け感」はハズせないものになっているようです。ファッション雑誌でも、肩の力の抜けたファッションが主流です。

決めすぎず、無理しないファッションコーディネートが並びます。適度なゆるさが人としての奥行きや余裕、包容力のようなものを醸し出すのかもしれません。

ワンピースに合わせるのもパンプスではなく、スニーカーが当たり前のようになりましたし、Ａ４の書類が入るバッグも、あえてリュックにするなどのコーディネートが目立ちます。

冬に多い、全身ダークな色のコーディネートは格好いいのですが、少し重苦しく感じます。インナーを白ベースのボーダーＴシャツにしたり、バッグを白にするなど、白を混ぜていくことで重苦しさがなくなり「抜け感」が出ます。

会社のドレスコードにもよりますが、オフィスでも適度な「抜け感」は、お洒落さだけでなく、親しみやすさや愛され力も高める効果がありそうです。

前述の女性は、ゆるすぎないシャツの襟の抜き具合が絶妙でした。

また、白いパンツはくるぶし丈で足首を見せていました。シャツの袖をまくる、襟元を少し開くなど、３つの首である「首、手首、足首」を見せるのも抜け感が出ます。

3つの首を見せる肌見せは、抜け感が出るだけでなく華奢に、可憐に見えます。体の中では細い部分だからです。

素材もとろみのあるブラウスや肌触りのよいウールのセーターなど、体を締め付けないものを、ゆったりと心地良く着ていると、自然と優しい表情になり、オフィスでも周囲を和ませるのかもしれません。

自分と向き合った長いおうち時間で、「自分自身が心地良いと感じるファッションが、やっぱり一番大事なんだ」と気づいたという方が多いと聞きます。

「自分の機嫌は自分で取ることを自粛中に学んだ」という人もいます。

今日も自分をご機嫌にしましょう。さて、何を着て、出かけましょうか。

2

クローゼットの中の洗練の６色

Live a colorful and cheerful life.

クローゼットほど、今の自分を表しているものはないと思います。「生き様を表す」といった整理収納の専門家もいるくらいです。私は、自分に自信がないときや、悩んだり、迷っているとき、ぐちゃぐちゃのクローゼットになっていることがありました。

ファストファッションが台頭してきた頃、手軽に買える値段もあって、ストレス解消にと、あまり考えずに買っていたのです。その洋服は、クローゼットをどんどん占領していきました。

テーマもテイストも色もばらばら。統一感がないので、いつも「何を着たらいいの？」とクローゼットの服を出しては入れ、入れては出しを繰り返し、どんどんストレスが溜まっていきました。

ストレス解消のためにと買っていた洋服が、さらに新たなストレスを呼び込んでいたのです。

結局、たくさん持っていても、着るのは同じものばかり。似合うと自信のある3パターンくらいのアイテムを、いつも選んで着ていました。

この3パターンは、ごくベーシックなシンプルアイテムばかりで、色は、黒×ベージュ、濃紺×ピンク、グレー×白の配色のもの。

これ以外、ほとんど袖を通していませんでした。残りの服は、「出番の少ない選手」や「旬は過ぎたけど、いてもいい選手」でした。全部で30枚あるとしたら、6枚がスタメン、15枚がベンチにいる選手、9枚は二軍の選手といったところなのかもしれません。

この割合は、「8対2の法則（パレートの法則）」と似ている気がします。8対2の法則とは、自然界で例えると、「働きアリのうち、全体の2割のアリが餌の8割を運んでいる」という法則です。この法則を知ったとき、お店の売り上げの8割は、2割の上顧客がつくってくれているということもあるな、と思ったことを覚えています。

そう考えてみると、「2割のスタメンが、1か月のコーディネートの8割のシーンで活躍している」ということです。

結局、ワンシーズンによく着る服は、決まっています。

自分のよく着る服の基準は、何を重視して選んでいるか、考えてみても良いかもしれません。私はシンプルで着心地が良く、自分の好きな色だと落ち着きます。

まずは、自分のベーシックカラーを決めましょう。

「黒、濃紺、グレー、ベージュ、茶」の5色が王道のベーシックカラーです。ただ、私の場合は、「黒、濃紺、グレー、ベージュ、白」です。白は実は強い色なので、ベーシックカラーというより、アクセントカラーなのですが、私は白をよく着るので、ベーシックカラーにしています。また、年を重ねると、黒よりも濃紺の方が顔映りは明るくなるので選ぶことが多くなりました。

「黒、濃紺、グレー、ベージュ、茶」の5色に、好きな色を一色選んでプラスすれば、どの色と組み合わせても、洗練された着こなしができると思います。洗練の6色です。

洗練の6色が並んだクローゼットは美しく、色同士が喧嘩することなく調和していて、幸せなクローゼットになるのではないでしょうか。

華やぎとあたたかみを生むカーディガン

Live a colorful and cheerful life.

3

色の勉強をしていた頃です。営業職の女性が、サーモンピンクのスカーフをトレードマークにしてから、成績が上がったという話を聞きました。

色の先生に、その話をすると、「コミュニケーションカラーであるオレンジ系のサーモンピンクは、相手が話しかけやすくなる効果があると言われている」とのことでした。

サーモンピンクとは、鮭の身のようなオレンジがかったピンクで、少しグレーが混ざったような色。明るく華やかでありながら、甘くなりすぎず、落ち着きも感じられる色で、ピンクが苦手な人でも、取り入れやすいと言われています。

早速、店頭でその色のコットンシルクのカーディガンを羽織ってみたところ、ふわっとチークを差したように、顔に花が咲いたのです。

チークひとつで、顔の印象は大きく変わります。チークの入れ方は難しく、頬のどの部分に入れるかで、幼く見えたり、老けて見えたりするので、ヘタに入れない方がましだと思っていました。

けれど、血色がよく見えることは、幸せそうに見えると思いました。サーモンピンクのカーディガンは、羽織るだけで、オレンジとピンクのチークを混ぜて、大きなチークブラシでふわっと顔に乗せたような血色をつくってくれます。

リモートでのコミュニケーションが多くなった今、より一層、活躍してくれています。画面越しに明るく見せてくれる効果があります。急なリモート会議にも、さっと羽織るだけで対応できます。

オレンジには親しみやすさ、ピンクには幸せ、思いやりなどのキーワードがあるので、サーモンピンクは、今注目の「リモート婚活」にもピッタリかもしれません。

ちなみに、ブルーベースの人は、ややピンク味の強いものの方が明るく見えます。

血色を感じさせる色味を足していくことは、気持ちを色づかせるきっかけになります。心にも血が通っているように見えるのです。

血が通う色で、心の体温を上げていきましょう。

あたたかそうな人のところに、人は集まってきます。

4

キレイを上書きしてくれるリップカラー

Live a colorful and cheerful life.

毎シーズン、シャネルのコスメの新色リップが出るたび、心が震えます。

誰よりも早く、その色を見たい、塗ってみたいという衝動が抑えきれなくなるほど魅力的です。いち早く発表される、これらの色がシーズンのトレンドになることは間違いないので、感度の高い女性がいち早く手に入れ、限定色はすぐに品切れになります。

２０２０年春夏の新色は、きらめく日差しに映えるメタリックな質感のピーチローズやクールブラウン。秋冬の限定色「レマネンス」は、インパクトのあるヴィヴィッドピンク。毎年、新しい顔、新しい美しさの提案があります。洗練されたゴージャスなデザインも、持っているだけでキレイになれる魔法がかけられていると感じます。リップは、安くてもいいものが手に入る時代ですが、シャネルのものは、お値段以上の付加価値があります。

まず、このリップを何としても手に入れたいという情熱があること自体、自分の新しい顔に対して貪欲であるということです。その好奇心、冒険心は、今の時代の空気感をいち早く楽しみたい、そして少しでも自分のキレイを更新したい、前に進みたいという気概があるのです。もう、この気持ちだけで、キレイは2割増しです。流行色を取り入れようとする気持ちは、今を生きたいという欲求であり、若々しさの原点でもあります。

また、シャネルのコスメカウンターでは、販売員の方が白い手袋をしています。自分が選んだリップを黒いゴージャスなトレイに乗せて運んできてくれます。そして、その白い手袋をした手で丁寧に箱から出し、確認し、ラッピングしてくれます。

この一連の流れだけでも、経験する価値があります。こんなに丁寧に扱ってくれるものを、私は手に入れたのだという特別感に浸れます。

リップは、鏡の前で最後の仕上げをする色であり、キレイのスイッチを入れてくれるものでもあります。マスクが手放せない生活が続くと、「最近リップは買っていない」「そもそもリップを塗ってすらいない」ということになりがちですが、マスクで隠れている間にしぼみがちの残念な素唇になってしまったら、もったいないと感じます。

マスクの下でも新しい色をまとっているという高揚感が、キレイを底上げしてくれます。

新しいシーズンは、新しいリップで、新しい色を上書きしていこうという気持ちが、女性の心を潤していくのではないでしょうか。

5

「大人服」の軸をつくる
濃紺のタイトスカート

Live a colorful and cheerful life.

ニューヨークの街角でのことです。私の目は、前から歩いてきたひとりの女性に釘付けになりました。その装いは、濃紺のスーツにビリジアングリーンのシャツ。襟をキリッと立てていました。

ボトムは膝下丈のタイトスカート。通り過ぎてから思わず振り返って見ると、後ろに入ったスリットから見える脚も美しく、エレガントな歩き方にも見とれてしまいました。

濃紺×緑の組み合わせは、メンズショップでよく見る配色なのですが、女性が着ていると知性的で洗練された印象になります。そして、逆に女性らしさが際立つと思いました。

私は、日本のグッチの店頭で買おうかどうしようかと迷っていた濃紺のタイトスカートのスーツを買おうと決心し、ニューヨークのグッチに入っていきました。

格が高い分、値段も相応に張り、「洗練された大人でなければ似合わない」と感じてしまう服があります。そのスーツは当時の私にとって、まさにそんな「大人服」でした。「今の私には無理」と感じていて、憧れではありましたが、着こなせる自信がなかったのです。

細身のジャケットと膝下丈のタイトスカートは、しっかりしたウール地の構築的でシャープなデザイン、スタイルをこの上なく良く見せてくれる、美しい曲線を描く一品でした。タイトスカートの「tight」とは「窮屈な」という意味もあります。歩幅が限られるからです。けれど、いつも同じ歩幅であることは歩き方を美しくすると気づきました。私は、タイトスカートの美しさに目覚めたのです。ウエストから腰、ヒップまでのフィット感が絶妙で、何とも優美なシルエットでした。歩くたびに身体に吸いついてくる感覚がありました。

このスーツの色は「鉄紺」と呼ばれる色に近く、わずかに緑みを帯びた暗い青色でした。しなやかな光沢があり、適度な柔らかさと格式があり、思慮深く、清々しさを感じる色。試着しながら、このタイトスカートは一生愛していくという確信がありました。布地、シルエット、色の三要素が私には完璧だったのです。

私の「大人服」の軸となったのは、まぎれもなくこの濃紺のタイトスカートです。

今でもこの魔法のような一着を見るたび、あのニューヨークの、紅葉に染まった美しい秋の日を思い出します。

6

見えない赤がオーラをくれる

Live a colorful and cheerful life.

赤という色は勝利の色だと言われています。プレゼンテーションなど強いメッセージを発するときは、男性も赤いネクタイを選ぶことが多いような気がします。

女性も赤のリップを塗ると、戦闘モードに火がつくという方も多いかもしれません。

毎日を戦闘モードではなく、もっとゆるい温度感で生きていきたいと思っていますが、ときには、「負けるもんか」と、強い心も持たなければならないときがあります。

「そんなことに負けている時間なんかない」と言ったのは、世界的なアートディレクターの石岡瑛子氏です。80年代のアメリカで日本人女性が大役を果たすことに対しての差別を受けながらも、こんなことでめげてはいられない、めげている時間からは何も生まれないと、歯を食いしばって仕事をしてきた結果、アカデミー賞の衣装デザイン賞や、アルバムジャケットのデザインでグラミー賞を獲得しました。そんな石岡氏にとって「赤」はキーカラーだったのです。

私もめげているときは、この言葉や赤色から、勇気をもらいます。

自然と赤を選ぶときは、自分の心の奥にやる気という炎が燃えているときです。結果を出したいと、強い気持ちで挑むときです。

赤を着るのは少し気恥ずかしいというときは、見えない部分に密かに赤を隠して、静かに熱い想いを抱きしめるのも、ひとつの方法です。

パンプスで隠れている足の爪に美しく塗った赤いペディキュア、上質な赤のランジェリーなどは、隠れているからこそ、自分しか知らないからこそ、気持ちもぐっと高まるのではないでしょうか。赤の持っている見えない自信が、あなたのオーラを底上げしてくれます。

また、憧れの靴、クリスチャン・ルブタンの靴裏の赤色や、バッグやコートの裏地が上質なシルクの赤だとテンションが上がります。

赤は、情熱的なオーラを持つ色で、この色を身にまとっているときは、同じように高い周波数のものをキャッチしている感覚になります。

「よし、今日はやってやるぞ」という勝負の場面が、人生には何度となく訪れます。

ここぞというときには闘わないと、運命を自分の力で動かせないと思うのです。

ついついい自分をないがしろにしてしまう人の話を聞いていて、いつも思うことは、「ね、そこは闘うところだよ」というときに闘わずに、自分を責めてしまっているのです。

あなたの存在自体を否定されたと感じる、そんなときは間違いなく、赤を身につけて、闘う勇気を持ちましょう。

敗れたっていいのです。

ちゃんと闘うことが、自分を肯定させてくれるのですから。

Questions :

Color of Fashion

「この色を着ているときの私が一番好き」
と思える色は？

また、「一番、私らしくない」と感じる色は？

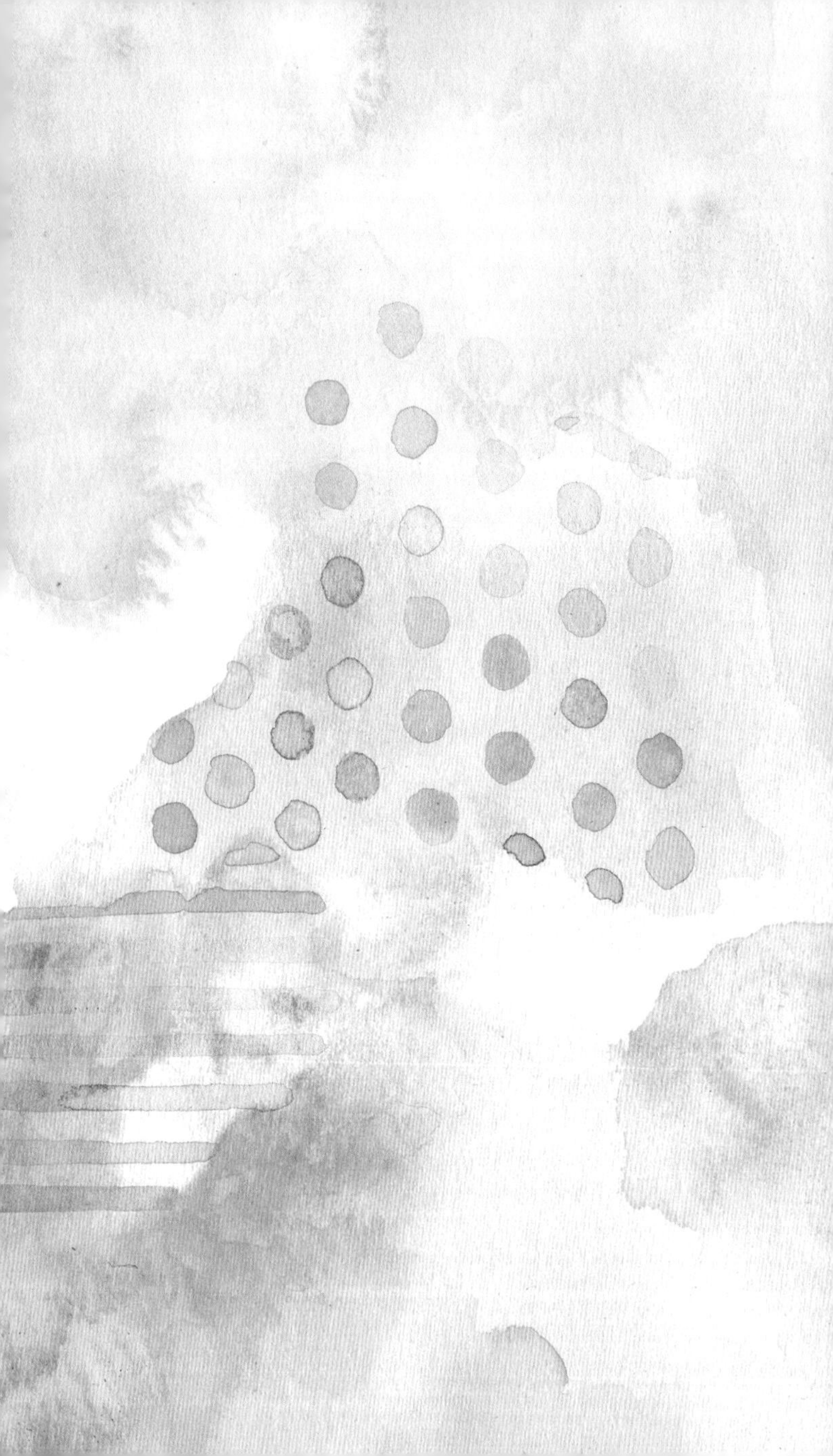

Chapter 5

心が潤う色と
ご褒美アイテム

Color of Items

幸せを運ぶ
ティファニーブルー
——文具

Live a colorful and cheerful life.

1

名門ブランドには、そのブランドを象徴する色があります。「ティファニーブルー」といえば、誰もがあの鮮やかなブルーを思い浮かべるのではないでしょうか。

この色は、新年や春の訪れを告げる鳥、「こまどり」の卵の色で、幸せを運ぶ色といわれています。ヴィクトリア朝のイギリスでは、土地や資産など大切なものの台帳の表紙にも使われていた色で、クラフトマンシップ（職人の技巧）を表す色でもあったそうです。真実や高潔さを象徴するこの青は、気高さを感じます。

幸運の色ですから、引き寄せたい運とゆかりのあるものを、この色にするのも良いかもしれません。人とのご縁ならスマートフォンケースや名刺入れ、資格取得などのスキルアップならノート、ボールペンなどです。

私は大切な人へ手紙を書くとき、ティファニーブルーの封筒と便せんを使っています。この色には「大切なものを守る」という意味もあることから、大切な人との絆も守ってくれる気がします。

このブルーの封筒をポストへ投函するとき、幸せの青い鳥が飛んでいくところをイメージします。

幸せを象徴する色と広く認知されているので、ティファニーはブライダルギフトとして選ばれることも多いですね。友人へのブライダルギフトとして食器をプレゼントしましたが、箱を見ただけで、「わぁ、素敵！」と歓声を上げてくれました。そして、箱にかけられた光沢のある白いリボンは、幸せを願う気持ちをぎゅっと結んだ証です。そのリボンをゆっくりとほどくときの相手の笑顔を見ると、私まで幸せな気持ちになります。

ある女性は、ティファニーの食器が好きで、少しずつ集めていたところ、突然結婚が決まり、「ティファニーブルーが幸運を引き寄せてくれた」と言いました。

偶然かもしれませんが、こんな幸せな思い込みも色の持つパワーかもしれません。

2

ニューヒロインの水色のドレス

——映画

Live a colorful and cheerful life.

ディズニー映画『アナと雪の女王』は、子供だけでなく大人の女性にも絶大な人気があります。共感しながら何度も観たという方も多く、それは、大人の女性の「生きづらさ」が描かれているからだと思います。

エルサのドレスは水色。水色には、「精神性」や「哲学」といった自分の内面に目を向けるというメッセージがあり、空や水の色でもあることから、「変化」「変革」という意味があります。皆、弱い自分、ふがいない自分を変えたいと心のどこかで思っているから、この映画のテーマは、心に刺さるのではないでしょうか。

「触れたものを凍らせる」という不思議な力を持つがゆえに、周囲を怖がらせ、自分の存在意義もわからなくなるエルサ。この生きづらさを脱ぎ捨てるように、「ありのままで」という歌に、誰もが自分を重ねて涙し、心を解放したのだと思います。私たちはエルサのような不思議な力は持たないにしても、人と違うことに落ち込んだり、自分の嫌いなところを個性と思えずに、自己否定していることが多いのです。

「ありのままの自分は必要とされていないのではないか」という思いは、重く鉛のように心に蓋をします。

エルサは押し殺してきた自分の力を解放し、氷の塔を築きながら、透き通る氷のような水色のドレスに着替え、頂上まで上がって行きます。

水色には、「解放」「自由」「自立」というキーワードもあり、私たちは、あのシーンで自分を認めることの意義や、自由の素晴らしさを実感するのです。

突然、王子様が現れ、見初められ、ハッピーエンドとなるような他者依存の物語ではなく、自己肯定することで生きる意味を見いだしていくストーリーが、多くの女性の共感を得たのではないでしょうか。

そして、数年後、『アナと雪の女王2』が公開されました。

このパート2では、エルサは「自分は何者なのか」というルーツを探しに、旅に出ます。

「未知の旅へ踏み出せ」と力強く歌う劇中歌とともに、自分の能力の正体を確かめ、自分の使命を果たそうと、前に進み続けるエルサが描かれています。

何があっても、決して、引き返そうとはしません。今回のエルサは驚くほど強い。この圧巻の強さに背筋が震えるほど感動しました。

そして、自分の使命を果たすための勇気と決断力に、畏敬の念を抱きました。「力を持つ人は、正しくなければいけない」と改めて感じた瞬間でした。

誰もが使命を持って、この時代を選んで生まれてきているとすれば、どんな小さなことでも、それぞれのフィールドで、今、できることはあるのではないかと思います。

水色のドレスで前に進むエルサの後を、少しでも追いかけていきたいですね。

3

ときめきの詰まった
カラフルな缶
――お菓子

Live a colorful and cheerful life.

昔から、美しいお菓子の缶が好きです。おうち時間のティータイムに、そっと蓋を開けて、少しずつ食べるのが楽しみです。また、友人をおうちに招いてのお茶会には、缶ごと出しても華やかです。

老舗といわれている洋菓子店では、季節ごとに限定販売のお菓子缶が発売され、『ヨックモック』や『ゴディバ』のものは、女性の多い会社へお贈りすると、可愛い缶が欲しいと皆で取り合いになることもあるようです。

クッキーに定評のあるオーストリアの『ツッカベッカライ　カヤヌマ』のものは、シックな地柄に紋章があしらわれ、品格をも感じさせますので、目上の方や男性への手土産や贈り物にもピッタリです。

また、お洒落な女友達へは、白いキャンバスにパリの街並がデザインされたような『パティスリー・サダハル・アオキ』のものや、『パレスホテル東京』の新作、「プティフールセック缶」がお勧めです。爽やかなパステルグリーンが見た目にも美しく、開けたときのお菓子の色とのコントラストが洗練された印象で、きっと喜んでいただけると思います。

美味しく食べた後も素敵な入れ物が残るのは、嬉しいと言われます。気に入ったお菓子缶は、整理整頓に使うこともできます。買うときも、食べているときも、「何を入れようかな」と考えることも楽しみのひとつです。

恵比寿にはお菓子缶の専門店があり、色とりどりの缶が並びます。私は、宝石の模様がついた長方形の缶には文具などを入れ、スズランやマーガレットなど、様々な花があしらわれた丸い缶には、買った服についているボタンを入れています。

缶や箱などの入れ物や包み紙は、やはり選ばれる要素のひとつになります。中身が素敵なことは大前提ですが、長く、多くの人から選ばれる要素や決め手は、プラスαの付加価値にあります。これは人も同じかもしれません。

4

藍色のカップ＆ソーサー6客セット

——食器

Live a colorful and cheerful life.

友人と一緒に食器を見ていたときのことです。アウトレットショップでしたので、北欧のブランド食器がセール価格になっていました。白に藍色の模様が施されたカップ&ソーサーの6客セットを思い切って買おうと決めて、私はウキウキしていました。

6客を持ってレジに行こうとしていると、友人が「このカップ、私も気に入ったんだけど、1客だけ売ってもらえないのかな?」と言うのです。

店員さんに聞いてみると、ここには、今、このセット売りしかなく、バラ売りはできないとのことでした。

友人は、ため息をつき、「結婚みたい」と、ぼそっと言いました。

そのときは深く考えなかったのですが、結婚は、1+1で2になるだけでなく、家族も親戚も増えることでもあるので、確かに6客セットみたいなものかもしれません。

家に持ち帰ってひとつひとつ並べてみると、ひとり暮らしのキッチンの戸棚を、6客のカップ&ソーサーが占領してしまいました。置き場所のスペースも取るし、不自由に感じることもあって、1客の方がよかったかなと思うこともありました。

けれど、いざ、来客があったときなどは、このカップでお茶を出すことが嬉しくて、このカップに似合うケーキや茶葉を用意したりするのが楽しかったのです。

大切な人たちとお茶を飲んだ光景を、一枚の写真のように思い出します。

あれから、大きな地震があって、欠けたり、割れてしまったりして、今は4客になってしまいましたが、このセットには、思い出が詰まっています。6客で良かったと思います。

なくした悲しさはありますが、6客セットだったことに変わりはありません。

6客を守っていくことは大変なこともあるけれど、6客セットならではの良さがあるのだと思います。家族との絆のようです。

このカップの象徴でもある美しい藍色は、インディゴブルー。デニムの色です。

家族とは、洗えば洗うほど味わいの出るデニムのようなものかもしれないとも思います。

竹内まりやさんの『人生の扉』という歌に、こんな一節があります。

「君のデニムの青が　褪せてゆくほど　味わい増すように
長い旅路の果てに　輝く何かが　誰にでもあるさ」
「信じられない速さで　時が過ぎ去ると　知ってしまったら
どんな小さなことも　覚えていたいと　心が言ったよ」

この藍色のカップを見るたびに、この歌詞を思い出します。

一輪でも
凛と咲く
芍薬の花

——花

Live a colorful and cheerful life.

5

「立てば芍薬、座れば牡丹、歩く姿は百合の花」という言葉があります。

これは、女性の立ち居振る舞いの美しさを花に例えたものです。

茎の先に咲く芍薬のようにすらりとした立ち姿、横向きの枝に咲く牡丹のようにあでやかな座り姿、揺れる百合のようにしなやかに歩く姿が美しいと。やはり、「立つ、座る、歩く」という、この3つの動作が美しければ、花のような女性でい続けられるということかもしれません。

私は特に、芍薬の花の凛とした美しさが好きです。

芍薬は花弁が多く、一輪だけ飾っても華やかでゴージャスで、豊かさと満足感をもたらしてくれる貴重な花だと思っています。

芍薬が花屋さんに並ぶ5月は天候も安定していて気持ちが良く、爽やかな風を部屋に迎え入れながら掃除をして、最後に芍薬を飾ると、幸せな気持ちになります。

芍薬の花言葉は、赤が「誠実」、ピンクが「はにかみ」、白が「幸せな結婚」ですので、ウェディングブーケにも、この3色が使われることが多いようです。

花言葉を調べてみて、その言葉にインスピレーションを感じる花を飾ってみるのも、大切なことを忘れない毎日を送るための、ひとつの方法だと思います。

イギリスの古い民話では、芍薬は羞恥心のシンボルだと言われています。恥ずかしがり屋の妖精が、ある日、芍薬に隠れたら、花も赤く染まったという話です。

羞恥心は、大人の女性が忘れたくない心です。

何が恥ずかしいかは、人によって違うと思いますが、年を重ねると「面倒」「疲れる」と、ついメンテナンスをサボってしまうことも多いので、私は「持ち物がくたびれていることは、恥ずかしいことだ」と自分に言い聞かせています。

どんなに高かったセーターでも毛玉だらけでは恥ずかしいし、ブランドのバッグでも中身がパンパンで型崩れしていたら、美しくありません。

いくつになっても羞恥心を忘れなければ、芍薬の花のように、ひとりでも美しく、凛と立てるのではないでしょうか。

6

誇り高き色
エルメス・オレンジ
——手帳

Live a colorful and cheerful life.

お誕生日に、エルメスのプチタオルをいただいたことがあります。

高級感漂うオレンジの箱を見ただけで、興奮が抑えられませんでした。改めて、このオレンジボックスの特別感は、何にも代えがたいと思いました。

箱に描かれたブランドのロゴには、エルメスからのメッセージが込められています。

このロゴには従者と馬車、馬が描かれていて、馬に乗っているはずの主人の姿は描かれていません。

従者は職人、馬車はブランドそのものを表していて、「主人であるお客様はあなたです。この馬車を動かすのは、あなた自身で、どんな風に馬を走らせるかは、あなた次第です」というメッセージが込められているのだと知りました。

これは、ブランド品を手に入れ、ともに生きていくときの心構えのように思えます。

職人さんの力を借りながら、大切に馬を走らせていけば、長く快適な馬車旅ができるのです。

エルメス・オレンジは太陽の色を連想させます。太陽のようなカリスマ性を持つ色。エルメスのカリスマ性は、誰もが認めるところですが、その地位を揺るぎないものにしているのは、卓越した技能を持つ職人さんの存在だと思います。

表参道で「エルメスの手しごと」展が開催されたとき、見学に出かけたことがあります。フランスから来日した職人さんの手で、正確で美しいステッチが、柔らかい革に神業のように刻まれていくのを見て感激しました。黒色の革に、目立つ白の糸を使って何年も繰り返し練習するのだそうです。「クウジュ・セリエ」と呼ばれるエルメス伝統の縫い方には、ミシンの縫い目にはない、手縫い独特の味があります。

革のパーツを丁寧に縫い合わせて、バッグを組み立てていく工程を、魔法を見ているように夢心地で見ていました。

「見えない部分も手を抜かないことが、エルメスの誇りです」と、職人さんは言いました。

この誇り高さが、伝統の力です。このエルメス・オレンジは、ひとりひとりの職人さんのプライドを象徴する色に思えます。

私は、フリーランスになるときに、このオレンジ色の手帳カバーを買って、自分に気合いを入れました。手帳を見るたび、「プロとして誇り高い仕事をしよう」と誓います。

エルメスには、石けんやノート、香水セット、ハンカチなどのギフトアイテムが豊富で、エステに1回行くくらいの値段のものが揃っています。

大切な誰かへの贈り物や、人生の節目に、頑張った自分へのご褒美として、オレンジボックスを選んでみてはいかがでしょうか。極上の心のエステになります。

Questions :

Color of Items

自分へのご褒美を選ぶとしたら
どんなアイテムですか?

そのアイテムは何色ですか?

Chapter 6

憧れのあの人が愛した色

Color of Lady

早春の息吹を
感じる
クルーズライン

Live a colorful and cheerful life.

1

年末年始のまだ寒い時期、店頭には「クルーズライン」と呼ばれている商品が入ってきます。

この「クルーズ」というのは、「クルージング」のことで、ヨーロッパの富裕層は、「避寒」として豪華客船で南の島へバカンスに出かける習慣があります。

そのため、インポートブランドのショップでは、「クルーズライン」として、マリンテイストのウェアやカラフルでポップな色のバッグや靴、小物などが日本の店頭にも並ぶのです。

ビタミンカラーやブライトカラーなど、南の島や海の上での時間を明るく彩ってくれるラインナップは、冬まっただなかに咲く花々のようでした。

毎年、箱を開けるときはドキドキし、憧れの船旅に出かけるような気分になれたのです。

たくさん入ってくる商品ではないので特別感があり、流行に敏感なお客様の中では人気でした。

特にビーチウェアとサンダルは、毎年、新しいものを冬のうちに買っていくのが恒例でした。

まさに元気をくれるビタミンのような色を手に取り、「どれにしようかしら」と、楽しげに選ぶお客様と一緒に、ワクワク感を味わいました。

バカンスは、出発するまでの時間、計画しているとき、支度をしているときが、一番楽しいものかもしれません。

バカンスの支度といっても、一般的には、今、手持ちのものを持って行こうとしますが、「バカンスは、バカンスだけのものを特別に揃えるから非日常になるのだ」と、お客様から教えてもらった気がします。

普段は着ない鮮やかな色のサンドレスやショートパンツ、プールサイドに持っていく透明のバッグやポーチなど、その場所だからこそ映える色があります。

クルーズラインの商品には「船旅」という舞台がありますから、そのときの衣装や小物は、映画のワンシーンのようにストーリー性を秘めて存在するのです。

クルーズラインをはじめとして、新年から梅の花が咲くころに店頭に出るものは「梅春物（うめはるもの）」とも呼ばれ、早春の息吹が感じられる色が並びます。特に、カラフルな色の財布はショーケースの中でも目立つので、ふらっと入ってこられたお客様にも、よく売れました。

お正月にお年玉を貯めて財布を買い、節分明けから使い始める方も多かったのです。

お年玉の袋からお金を出して、明るい色の財布を嬉しそうに持ち帰るお客様の目は輝いていて、私も嬉しかったことを思い出します。

春に買う春財布は、「張る財布」として縁起が良いということでした。

クルーズラインの色は、来たるべき春を待つ心に、ビタミンのような栄養をくれるのです。「もうすぐ春がくるね」と思える、とりどりの色は、冷えた心も暖めてくれる栄養剤です。

グリーンを着こなす技

Live a colorful and cheerful life.

2

長い間、緑色は難しい色だと思っていました。インテリアにはよく使う好きな色ではありましたが、洋服では選ぶことがなかったのです。

ブルーベースの私には、顔色をくすませるかもと敬遠してしまう色でもありました。

緑色は、かなりのお洒落上級者の色というイメージでした。

「合わせ方が難しい」と決めつけていた私に、ある日、鮮やかなグリーンのカーディガンを素敵に着こなす方が、こう言われたのです。

「緑色は葉っぱの色。だからどんな花の色にも合う」と。

目からうろこのような言葉でした。確かに葉っぱの色です。どんな花の色も邪魔せず、心地良い一体感が出る色。自然界で目にする色の組み合わせは心地良いものなのです。

その方は、真夏にグリーンのカーディガンを持ち歩き、肌寒くなると、ふわっと肩から羽織りました。たちまち、あたりがパッと明るくなるのです。カーネーションピンクのワンピースも、ヒヤシンスブルーのブラウスも、グリーンのカーディガンが引き立てて、一輪の花が咲き誇るように完成形として着こなしていました。春夏のビビッドで華やかなグリーンの楽しみ方を教えてもらったような気がしました。

また、秋冬になるとクールなグリーンコーディネートを披露してくれました。モスグリーンのナイロンブルゾンをチュールのスカートと合わせたり、オリーブグリーンのシャープなスキニーパンツをフリルブラウスと合わせたり、甘辛コーディネートを緑×黒の配色で上手く取り入れていました。

葉っぱにいろいろな色があるように、緑色にも、いろいろな緑があって、ミントグリーンやピスタチオグリーン、ライムグリーンなど同じ緑でも表情が変わります。

「好きな色だけど難しい」と感じている色こそ、その色の違う一面や可能性が見えたとき、嬉しくなります。

これは、色だけではないかもしれませんね。人も同じかもしれません。苦手だと思っている人の好感が持てる一面を見たときの、あの心が開かれていくような感覚。

好きだけど難しいものに挑戦することは、自分の新しい一面も引き出してくれるような刺激を感じます。

3

白を誰よりも白く着る

Live a colorful and cheerful life.

素敵だなと感じる人は、自分のスタイルを持っています。長い時間、失敗も散財もして、ようやく辿りついた自分らしい服をちゃんと着こなしています。この「ちゃんと」というのは、その人の中身と調和していて、性格や思想をも表しているように感じるのです。

白いシャツがトレードマークのあるお客様は、同じ白いシャツを8枚持っているとおっしゃいました。20年間、ほぼ毎日着ていると。いつ見ても真っ白で汚れもシミも皺もなく、完璧な白いシャツがまぶしくて、笑顔も一点の曇りもなく輝いているように見えました。

お買い物の仕方も、流行を追って買い足していくのではなく、定番のものの買い換えが中心でした。接客しながら、「買い足しではなく買い換え」という姿勢に、学ぶところが多かったのです。

自分のことをよく知っていて、ほがらかでつつましやかでした。品のある人とは、こういう人なのだと思いました。

品というのは欲のコントロールだと、あるお坊さんは言いました。

例えば、レストランのビュッフェで、自分の欲のまま、食べきれない量を自分のお皿に取り、結果、残してしまう。これでは、品がありません。

けれど、これは、自分の食べたいものを我慢して、他の人のために残しておくのが良いということではなく、自分の適量を知っていて、腹八分目が一番美味しくいただけると知っていることが、品につながるのでしょう。

あるホテルの食べ放題のビュッフェで、お皿の半分くらいの量を美味しそうに食べ、早々と立ち去った3人の女性を見て、格好いいなと思ったことがありました。

「私はこれで満足」と切り上げる選択肢を持てるのは、素敵だと思いました。3人とも女っぷりのいい人だと感じました。

美しい人は、見えないところでやっぱり努力をしています。20年間、白いシャツを誰よりも毎日、パリッと白く着ることは、決してラクなことではありません。ラクばかりで美しいことはありません。本当に品のある美しい人は自分に厳しく、人に優しいのです。

お城のような邸宅で味わうボルドー

Live a colorful and cheerful life.

4

ワインの知識を学ぶ教室に通っていたことがあります。先生のご自宅のキッチンでのレッスンで、そのワインにぴったりのアミューズをつくりながら、マリアージュを楽しむという料理教室も兼ねていました。

その先生のご自宅は、瀟洒なマンションで、天井の高いエントランスではラリックの照明が静かに輝き、格調高く迎えてくれました。

部屋は白を貴重としたインテリアに、ボルドーの絨毯が敷き詰められていました。いつも白い花が飾られていて、窓から見える緑と白い壁、絨毯のボルドー色の組み合わせが重厚で洗練された雰囲気でした。ワイングラスに香り高く注がれたワインの美味しさを、目からも引き立ててくれました。

先生の声は、落ち着いた低い声で、私には思いつかないような表現でワインの味を語ってくださり、心地良い音楽を聴いているようでした。

ワインの豊富な知識と、世界中のワインを味わった経験やストーリーは、舌と脳で異国を旅しているような気持ちにさせてくれました。

ボルドーは茶色味の強い赤です。土の色でもある茶色が感じられる、落ち着いた深い色です。

先生は、そんな人でした。

先生を知る、ある人は、「あれだけ人に媚びずに、お教室が続けられるってすごい」と言いました。確かに、見え透いたおべっかを言われたこともありませんし、商売的な勧誘や営業は一回もありませんでした。

けれど、長い間、生徒が絶えることはありませんでした。そんな先生のお人柄は、どっしりと落ち着いた芳醇な色、ボルドーのようだと思っていました。

この色はワインのイメージからつけられた名前です。ワインを楽しむ場所は、大人の社交場ですから、マナーも知性も遊び心もある洗練された大人に、ボルドーはふさわしいような気がしました。

ボルドー色の絨毯は迎賓館のようで、私にとっては、シンデレラが訪れる憧れのお城でした。

ワインを十分に楽しむには、ワイングラスに目一杯、ワインを注いでしまっては、良い香りを楽しむことはできません。

グラスに余白があって初めて、芳醇な香りを楽しむことができます。

自分の世界を持つ先生は、いつも余白があって、その余白が魅力となって香り立ち、多くの人を惹きつけるのだと思いました。

いつもワインをいただくとき、グラスに注がれたボルドー色を眺めながら、この余白を楽しめる大人でいたいなと感じます。

5

粋な大人が着る京紫

Live a colorful and cheerful life.

紫という色は、大人の女性が好む色だと言われています。

青みを含んだものと、赤みを加えたものがあり、江戸時代は前者を「江戸紫」、後者を「京紫」と呼んでいたそうです。

江戸紫は、男性が粋に着こなすのが似合います。落語や歌舞伎の衣装で見る色です。

それに対して、京紫は女性の色。華やかで、たおやかな優美な色です。

この京紫の着物を着ていた元芸子さんと、京都、祇園の料理屋で居合わせたことがあります。その方が入ってきた瞬間、手入れのされた透き通るような白いうなじが目に飛び込んできました。レベルの違う美しさに圧倒されたのです。女性としての一流の美意識を持っている人だと感じました。その方の着ていた着物の京紫色は、菖蒲の花のような気品と艶やかさがありました。店の空気感が、ぐっと濃厚に変わった瞬間でした。

日本の伝統色は奥深く、四季のうつろいの中に、色を繊細に感じてきたものです。豊かな情緒を感じます。江戸時代には、「団十郎茶」など歌舞伎役者の名をつけた色や、「苔色」「千草色」など、侘び、寂び漂う風流な世界観を感じる色が多くあります。

そんな伝統色は、京都の街並みの中に息づいています。呉服店やお茶屋さん、甘味処や漬物屋さんなど、老舗と言われる店を覗くと、伝統色を感じることができます。

ぼんぼりが淡く灯った祇園の石畳を、からんころんと歩く舞妓さんのぽっくりの音、年季の入った木の引き戸を開ける音、街の中に響く音にも色や風情がある気がします。

粋という日本の美があることを思い出させてくれます。

その元芸子さんの、ゆったりと響く京都弁も、京紫のような、しとやかさを感じました。「おおきに」と言って帰っていった後ろ姿も、はんなりとしていて、粋で可憐でした。

きっと「粋」というワンランク上のカテゴリーは、大人になってから、ようやく辿りつけるものかもしれません。

垢抜けていて自然な色気があり、世情に通じている様と言われる「粋」は、京紫が似合うような大人の女性から、滲み出るもの。そんな粋な文化が、日本には根付いていると、思い出させてくれます。

辺りを照らし出す
ビビッドカラー

6

Live a colorful and cheerful life.

以前、『アイリス・アプフェル！ 94歳のニューヨーカー』というドキュメンタリー映画を観ました。

アイリス・アプフェルは、多くの有名デザイナーからリスペクトされ、ファッションアイコンと呼ばれているチャーミングな女性です。その情熱的で個性的な洋服やアクセサリーの私物コレクションは、メトロポリタン美術館にも展示されました。

トレードマークの大きい丸眼鏡に赤いリップ、美しいシルバーヘアのアイリスが、ビビッドカラーの芸術的な服と靴で街に出かけると、「ワオ！」「ビューティフル！」と、皆が、声をかけるのです。

「暗い顔をしているより、人を楽しませたい」と言い、調子が悪いときも、お洒落をして出かけて行くことで、どんどん輝いていくのです。

やっぱり、ファッションの力って偉大です。自分も相手も元気にさせる最強のコミュニケーションツールであり、生きる力にもなります。

アイリスには、たくさんの名言があるのですが、そのひとつに「シワがあるのは、そんなにいけないことかしら。それは勲章のようなものよ」というものがあります。

私も、シワは誇っていいもののひとつではないかと思っています。

ただし、眉間の縦皺はNGで、目尻の横皺はOK。イライラせず、たくさん笑った証ですから。〝勲章〟のある表情で着こなすファッションには、生き様が表れているようです。

日本にも、ファッションの力を使いこなし、最高の仕事をなさる方がいらっしゃいます。黒柳徹子さんです。ご自身の対談番組では、一度も同じ服を着たことがないのだとか。

相手が喜んでくれるような服装で、お出迎えすれば、おのずと、「嬉しい！　手は抜けない、いい仕事をしよう」と思ってくれるはずだ、といったことをおっしゃっていました。

ファッションは、自己プロデュース力のひとつであり、周囲を照らし出す光のようなものでもあります。年を重ねても人生をビビッドに楽しむためには、欠かせないものだと感じました。

若い人のビビッドカラー同士のコーディネートは、エネルギッシュではつらつとした美しさがあります。そして年を重ねた人のビビッドカラーには、迫力があります。この年齢のステージに立ったからこそ、出せる輝き。自分のスタイルと類い稀なる自己表現力を持った人にしか着こなせないのかもしれません。

日本の女優さんでは、草笛光子さんでしょうか。ゴージャスにビビッドカラーを着こなしていらっしゃいます。

ビビッドカラーは「純色」と呼びます。まったく濁りのない色です。

自分らしく、純粋に突き進んできた人生を輝かせる色なのです。

Questions :

Color of Lady

憧れの人は誰ですか?

その人を色で例えると何色ですか?

Chapter

7

私らしい色で生きる幸せ

Color of Yourself

1

私を変えたニューヨークでのメイクアップ

Live a colorful and cheerful life.

あれは、初めてのニューヨークでした。

マンホールから煙が立ち上がる、映画で観たような街中を歩いていたら、自分の姿がショーウインドーに映し出されました。あまりにもトロンとした締まりのない顔、なんて曖昧な表情をしているんだろうとショックを受けました。トボトボと歩く私は、この街に不似合いだなと、愕然としたのです。

エネルギーの固まりのような空気感、颯爽と横断歩道を渡り、きりっとした顔つきですれ違う人々の中で、私は自分の平和ぼけした情けなさをあぶり出されているようでした。

ビビッドな色合いの街に、グレーの亡霊になって漂っているような違和感。

鮮やかなイエローキャブに乗ったとき、あきらかに目的地を過ぎているのに「ＳＴＯＰ」が言えない自分、ハンバーガーとポテトを頼んだ店で知らん顔され続け、それでも待ち続けている自分にへこんでいたのです。

私は、思い切って、五番街の高級デパートのコスメカウンターに行き、メイクアップをお願いしました。

背の高い金髪のショートカットの女性がにっこりと笑い、私に「Natural? or Dramatic?」と聞きました。私は即座に「Dramatic!」と答えました。「Naturalじゃだめ。変身したいんだから」と自分に言い聞かせ、椅子に座ったのです。

その女性は、「ＯＫ！」と、色とりどりのメイクアップパレットを取り出しました。私はゆっくりと目を閉じました。

まぶたの裏には、いくつもの色が広がっていきました。「きっと私は変われる」と思いながら、立ちこめるおしろいの香りに浸り、魔法をかけられているような気分でした。

そっと目を開けると、眉山がくっきりと描かれたキリリとした眉が目に入りました。

それだけでも、表情はぐっと締まって見えました。緩んだ頬もシャープに。そして太いアイラインとオレンジ系のアイシャドーで、印象的な目が仕上がっていったのです。

「ＵＰ！」「ＤＯＷＮ！」の声に、何度も天井を見たり、足下を見たりを繰り返しながら、塗り重ねられたマスカラ。私の目力は5割増しになり、「これ大丈夫？　昨夜観たブロードウェイの舞台に立てそうだけど……」と、思わず笑ってしまうくらいDramaticに変身したのです。

変身した顔で大通りを歩いてみると、何だか自信が湧いてきました。命を吹き返したように、私という輪郭がはっきりとした形でショーウインドーに映っていました。今なら「ＳＴＯＰ」って、ちゃんと言える。この街をエネルギッシュに楽しめると。

私の目は輝いて見えました。このときほど、メイクの力を実感したことはありません。ニューヨークのど真ん中で、心もDramaticに動き出しました。

メイクアップは、色の魔法です。

いつだって、どこにいたって、心の持ち方次第で私たちの人生はDramaticになるのです。

光と影の美しいバランス

2

Live a colorful and cheerful life.

六本木ヒルズにあるフレンチレストラン『ラトリエ ドゥ ジョエル・ロブション』は、黒と赤をテーマカラーとした和モダンテイストの世界観です。

カウンターをメインにした内装も、ロブション氏が日本の寿司屋のカウンターから、インスピレーションを受けたとか。ロブション氏の一流の感性が光ります。

和と洋のコラボレーションが、洗練された心地良い空間をつくり出しています。

黒と赤の組み合わせは、「陰陽」を連想します。

「陰陽」とは、お互いに対立し、共存し合いながら万物を形成している気が、天地間にあるという中国古来の思想です。

陰陽のバランスで、この世はつくられているというのです。例えば、月と太陽、静と動などです。色ならば、本来は、黒と白だと思いますが、私は、この黒と赤にも陰陽の気を感じます。

華やかな光の部分が赤で、暗い影の部分が黒。光があるところには影があって、光が強く当たれば当たるほど、影が濃くなります。

スポットライトを浴びている人は、影の部分も引き受けているとわかったのは、ずいぶん大人になってからです。

すべてが、このバランスの上に成り立っていると仮定すれば、怖いものは何もないのではないでしょうか。

大きな成功を手にしている人は、同じくらい大きな失敗も経験しているのではないかと想像できます。だから、今、失敗続きだとしても、それは、やがて同等の成功が待っているということです。

太陽に近いところへ行きたい、高いところに上りたいと思うなら、相当の覚悟がいるということも言えます。山のてっぺんは風圧も強く、飛ばされそうになるからです。

あるトップアーティストは、この風を利用して発電していると言いました。トップになるには、批判も嫉妬もエネルギーに変えるくらいのパワーが必要なのです。

この風圧に耐えられないときは、山を下りていいのです。

「起業したけど、会社員の方が私には合ってるみたいです」と報告があった女性も、少なくありません。

高い場所に上らなければ見えない絶景もありますが、目の前の道を進めば、見えなかった道端の小さな草花の美しさに気づくこともあります。幸せの風景は人それぞれです。

光と影の強さ、弱さは人それぞれで、人生の流れやタイミングによってもバランスは変わります。オーラを放つ強い光だけが美しいのではなく、柔らかい光も優しい影も愛しいのです。人生のバランスは、どれも黒と赤のように美しく調和しています。

お正月におせち料理を入れる重箱も黒と赤。大晦日に重箱を棚から取り出し洗うたび、一年間の自分の強さと弱さを振り返ります。

良かったことも良くなかったと感じたことも、すべてを融合して、感謝できますようにと。

年齢とともに重ねたいピンクの魅力

Live a colorful and cheerful life.

3

あなたの好きな色は何ですか？　私は、迷うことなくピンクです。元気のないときは、ピンク色の空気を胸いっぱい吸っているとイメージしながら、大きく深呼吸します。そうすると、幸せの粒子が体中に広がっていく気がするのです。

小さい頃着ていたベビーピンク、そしてお気に入りだったチェリーピンクのワンピース、初めてのお給料で買ったオペラピンクの口紅、どの年代でも、ピンクは私の人生の大切なシーンをキラキラと明るくさせてくれました。どのピンクもそれぞれ愛おしかったのです。

そして、今の年齢になって最も惹かれるのが、ピンクベージュ。

ピンクにベージュを混ぜたようなピンクベージュは、パリのマダムのイメージです。

パリのオペラ座の前ですれ違ったマダムは、サテンの黒のジャケットの胸元から、ピンクベージュのキャミソールが覗いていて、ドキッとしたことを覚えています。

張りのある若い肌ではなく、年を重ねていい感じに緩んだ胸元にピンクベージュは似合います。この色を上手くまとうには、長い間刻んできた笑い皺や、歴史と精神を感じる骨格がいると思っています。

古き良き時代の往年の大女優のイメージもあり、素直さとしたたかさ、清純と大人の色気が同居している色です。二重にも三重にも奥行きを感じられるような大人の年輪がある女性が身にまとうからこそ、華やぐ色という気がします。

合わせる色は、黒だけでなく、グレーも似合います。ちょっと退廃的なムードで着こなしてみたい。一筋縄ではいかない、成熟したいい女を象徴する色、「年を重ねるほど、この色が似合う女性になりたい」と思います。

今、この色にもう一度惹かれたのは、年を重ねることへの一抹の不安を覚えたからかもしれません。

ダンスが好きで、昭和一桁世代の女性としては、モダンで知性あふれる伯母が車椅子の生活になったことも、きっかけのひとつです。

「成熟とは不安と共存すること」と言った人がいました。生きていれば、自分の力ではコントロールできないことに対しての不安が、じわじわと胸の奥に広がることがあります。けれど、不安と上手く付き合い、思い通りにならないこととも共存し、大人ならではの知恵を使って暮らしていくことで、熟成していくものがあるのだと、伯母の笑顔を見て思ったのです。

また一つ年を重ね、見える色も変わり、「私は若い人達に、あんな凛とした背中と笑顔を見せられるかな」と、こんな混沌とした世の中だからこそ、思わずにはいられませんでした。

桜色のようなピンクは圧倒的に美しいですが、そこにグレーのような不安が一滴混ざっても、それはそれで強く惹かれます。なぜなら、それは何層もの不安も理不尽も包み込み、深みのある美しさを奏でているからです。ピンクベージュは私にとって、大人としての、これからのテーマカラーなのです。

透明感のある生き方をする

Live a colorful and cheerful life.

4

年を重ねても、透明感のある人に憧れます。

素直な目と透き通るような肌、声がゆったりとしていて、相手を包み込むような表情。女優さんでいうと、吉永小百合さんでしょうか。

吉永さんは、水泳がご趣味だといいます。内側に一本筋の通った軸を感じさせるのは、水泳で鍛えた体幹でしょうか。真っ直ぐな背骨のような、ぶれない精神を感じます。

きっと日々の出来事を大切にし、小さな努力を積み重ねているのだろうなということが伝わってきます。

自分のことを、ちゃんと愛している人は、ひとりの時間で自分を見つめ、ありのままの自分を肯定できているような気がします。だから、他者から愛されることを自己承認の道具にしなくていい。自然体で潔くて、しなやかで凛としている。

特に私には、吉永さんの優しく、静かに輝く目が印象的です。

「皺やシミは修復できても、目の輝きだけは整形できないわ」と言った女性がいました。

嘘のない目は、透明感の奥に深い光をたたえていて、魅了されます。

「嘘のない目」で思い出すのが、２０２０年に話題になった、『Nizi Project（虹プロジェクト）』という、日韓合同のガールズグループプロジェクトです。1万人を超える応募者の中から、オーディションでデビューメンバー9人が決定するまでのドキュメントは社会現象となり、私も夢中で見ていました。

夢に向かって努力する10代の少女たちの姿は日本中に元気を与え、諦めず、常に前を向く気持ちの大切さを教えられました。そして、何よりも、プロデューサーのJ.Y.Park氏の厳しくも優しいまなざし、愛があふれる言葉の数々は、見ている人々の心をも、大きく揺り動かしたのです。

中でも、スターにはダンスや歌の上手さだけではなく、立派な人柄が重要だと語っていたのが印象的でした。

そのためには、次の３つを必ず実行することだと、J.Y.Park氏は言います。

「真実」　隠すものがない人になる。カメラが回っていなくても、その言動ができるか？
「誠実」　自分との闘い。自分にムチを打ち、毎日するべきことを積み重ねられるか？
「謙虚」　心からの感謝。自分には常に足りないところがあると知り、隣にいる皆の長所だけを見て、感謝できるか？

この３つは、スターだけでなく、人としても大切なことだと、胸に響きました。

日本を代表するスターとして、今なお輝き続ける吉永小百合さんも、きっとこの３つを大切にしてきた方なのではないかと感じます。

嘘があっては人の心を打つことはできないのです。心のありようが目に表れるからです。

透明感という美しさは、この３つを持ち続けようとする毎日の過ごし方から、育まれるのではないでしょうか。

5

運命の手袋を選ぶということ

Live a colorful and cheerful life.

ある冬の雪の日でした。寒さでかじかんでいる私の手を見て、先輩が、「手袋、しないの？」と聞きました。「気に入ったものがないんです」と言う私に、「そんな人は結婚できないって、本に書いてあったわ」と返されました。

それは、衝撃的でした。「手袋をしていないと、結婚できない？」私は、何度もその言葉を頭の中で繰り返しました。

この言葉の真意は、作家、向田邦子さんの著書『夜中の薔薇』にありました。手袋を仕事や結婚に例え、「多少気に入らない手袋でも、寒さはしのげるのでは？」「理想が高すぎると、いつまでも満足できない」ということの比喩表現だったと、後で知りました。

先輩は心配して言ってくれた言葉だと思いますが、感受性の強い年頃だった私にとっては、相当なインパクトでした。

「理想が高いわけではなく、まだ出会っていないだけです」と、今の歳なら笑って、言い返せそうな気がしますが、それからというもの、手袋を選ぶとき、この言葉を思い出していました。

向田邦子さんは「妥協し、手ごろな手袋で我慢したところで、結局気に入らなければはめない」と、転職し、作家、脚本家としても大成功し、数々の名作を世に残しました。

多少寒くても、本当に満足する手袋を選びたいという強い信念があったからこそでしょう。向田さんらしい生き方だなと感じます。

あれから私は、いくつかの手袋を買いました。背のびして買ったレザーのビビッドオレンジの手袋はインパクトが強すぎて、私の持っていた服には不似合いで、結局、片方落としてしまいました。次に、一目惚れしたミルク色の毛糸の手袋は、意外と繊細で、ビーズの刺繍が取れてしまい、修理不可能でした。

まるで、パートナー選びのようだと、またも、あの言葉を思い出し、苦笑いせずにはいられませんでした。

今は、グレーにベージュを混ぜたような「トープ」（フランス語で「モグラ」）という色の手袋を愛用しています。一見地味な色ですが、どんなコーディネートにも合わせやすく、指先までフィット感があるので、スマートフォンも自由に操作できます。

暖かいけれど、つけていることを忘れるくらい心地良く、自由度の高いものが、やっぱり長く愛せるのだと思いました。

自分のことを知ったからこそ、やっと選べたのです。

未来の出会いが
過去の出来事も
変えてくれる

Live a colorful and cheerful life.

6

本屋さんは、私にとってのパワースポットです。悩んでいて答えが見つからないとき、なんとなく原因がわからず、モヤモヤ、ざわざわするとき、私は決まって本屋さんに立ち寄ります。

気になって手に取った表紙やタイトルの本を開くと、悩みを解決してくれるヒントがあったり、ハッと気づかされる言葉を見つけたりします。モヤモヤと立ちこめていた霧が晴れていくのを感じる場所であり、ざわざわと波打っていた心にやすらぎを取り戻してくれる空間です。

ある日、幻想的な黄色と青の表紙に目がとまり、手に取った本が、『マチネの終わりに』でした。ふたつの色が寄り添い重なった緑色が美しく、この表紙にインスピレーションを感じました。

物語は、40歳を過ぎてから出会う天才ギタリストと通信社記者の恋愛小説です。映画化もされ、美しいパリの秋の風景と、クラシックギターの荘厳な音色が、せつなく心に沁みる作品となっていました。

ふたりの人生の色が出会うことにより、立ちこめるように現れた緑の色は、鮮明な輝きを放っていて、この出会いが運命的なものだと教えてくれているようでした。

この作品で深く心に残ったことは、「過去は変えられないというけれど、未来の出来事で過去が変わることもある」ということです。

未来に立ったとき、改めて過去を眺めてみると、感情が変わったり、意味づけや見方が変わったりします。これは、長い間生きてきて、いろいろなことがあった大人には、実感が持てる感覚なのかもしれません。

時間という財産を積み重ねてきた、大人ならではの豊かな気づきです。

「あのときは、最悪の出来事だと思っていたけど、今になって考えれば、あの出来事があったからこそ、今の私がある」と思うことは、誰にでもあるのではないでしょうか。

悲しみや痛みが、未来では癒やしやモチベーションに変わることもあります。

「時間の流れは、過去から未来に向かって流れていると思っていたけれど、未来から過去へと流れているのではないか」と言った人の言葉を、今なら理解できます。

「未来に、こんな素敵なあなたが待っています。だから、今、この出来事を乗り越えましょう」というメッセージです。


2020年の春夏は、今まで見たことのない色に包まれました。

たくさんの行事やイベントも中止となり、悔しい思いや、やりきれない気持ちを抱えた人は大勢いらっしゃると思います。その思いは計り知れません。

けれど、絶望と希望の色が混じり合う中で、新しい色が徐々に生まれつつあればいいなと心から願っています。

7

風の時代を、しなやかに生き抜く色

Live a colorful and cheerful life.

今、占星術の専門家の方々の多くは、「土の時代から風の時代に移行していく」と言います。大きな変化の時期らしいのです。

この変化の時期に、あなたの気になる色は何色ですか？

風がキーワードですから、これからの時代は風のような色やトーンが流行色となっていくかもしれません。

ＰＡＮＴＯＮＥ（パントン）という、アパレル製品など、様々な分野で色見本帳を提供している企業が発表した、２０２０年の「カラー・オブ・ザ・イヤー」は、クラシックブルーでした。

夕暮れの空のような、落ち着きのある深い青色で、２０１９年のリビングコーラルとは、大きく雰囲気が変わりました。

パントンのカラー・オブ・ザ・イヤーは、世界中のファッション、エンターテイメントやスポーツ、アートやライフスタイルなどをカラーエキスパートが調査し、分析、検討して選定しているそうです。

流行色は、その時代の空気を反映していると言います。2020年のこの色には、一日が終わる夕暮れ時のように、静寂の中で時代の空気を受け止め、また新しい朝を迎える準備をしていきましょうというメッセージが込められているのかもしれません。

クラシックブルーには、安らぎをもたらし、レジリエンス（回復力・立ち直る力）も高めてくれるパワーがあるそうです。

マインドも風のように軽やかに、しなやかに、変化を受け入れることで時運に乗っていけるのでしょうか。風向きは刻々と変化していきますから、どんな風向きにも柔軟に対応できるような、しなやかなマインドが必要です。

「ま、それもいいね」「とりあえず、やってみるかな」というような、ふわりとした感覚が仕事でもプライベートでも大事になっていくと感じます。

気分が風に乗って運気を運んでいきますから、ご機嫌な気分でいることが、良い運気の風に乗ることにつながるのだと思います。

「思い立ったら、ベランダで履いていたスリッパでも出かけちゃう」というくらいのライトな感覚かもしれません。

とりあえず、半歩でも踏み出すことが大事だと思います。

最初は恐る恐るでも、運は自ら行動することで鍛えられ、だんだんと強くなっていきます。

けれど、熟慮してから行動したいという人にとっては、苦手分野かもしれません。

「トライ＆エラー」を常に繰り返すことにもなりますから、大切なことは、失敗しても明日まで引きずらないことです。風向きは常に変わりますから、「気にしない」「流す」「また、次」と切り替えていくことです。

風の中で立つということには、頭は柔らかく、発想は自由でありながら、飛ばされないように、「私は私」という脚力を持つことも大事です。

この軸になる脚力は、私にとってはシルバーのイメージです。

シルバーには、「才能」「感性」「魂」というキーワードがあります。

「才能とは、努力しなくてもできること」という言葉が好きです。思うまま、感じるままに行動していけるなら、この風は爽やかに心地良く、未来に向かって吹いてくれます。

さて、あなたの軸になる色は、何色でしょうか？

これからの時代を、どんな色で生き抜いていきましょうか？

Questions :

Color of Yourself

過去のあなたを色で例えると?

今のあなたを色で例えると?

未来のあなたの色は、何色にしたいですか?

Epilogue

雨が降るから美しい虹を見られる

ハワイのことを「レインボーアイランド」と呼びます。滞在中、何度も虹が見られる島として知られています。

土砂降りの雨が上がった空に、じわじわと太陽の光が降り注ぎ、空気中にある水滴が反射して、美しい光のアーチが現れます。青空にかかる美しい虹を見ると、清々しさと感動で胸がいっぱいになります。

考えてみれば、虹が現れるのは激しい雨の後。冷たい雨が降るから、こんなにキレイな虹を見られるのです。

雨は、要らないものを洗い流し、土に栄養を与える準備期間なのでしょう。
人も自然の一部ですから、冷たい雨に濡れる時間も必要なんですね。
洗い流して手放す時間、我慢して待つ時間は、虹を見る前の下ごしらえです。

虹の色である7色の持つキーワードはバランスよく、いつまでも忘れずに心に持っていたいものです。
赤は「情熱」、橙は「親しみやすさ」、黄は「希望」、緑は「癒やし」、青は「客観性」、紫は「個性」、そして、藍は、「愛」と解釈しました。

ハワイでは、虹は6色で「妖精が6つの大切なものの色からつくった、あなたへのギフト」です。それぞれの色は「食物」や「植物」、「水」「羽」「花」そして、「女王様のドレス」に例えられているようです。

さあ、雨の後は、女王様のような素敵な色のドレスに着替えて出かけましょう。
あなたの人生は、あなたが主役ですから。

おわりに

最後までお読みくださり、本当にありがとうございます。

あなたの心には、今、どんな色が広がっているでしょうか？

きっとその色は、あなたの明日につながるキーカラーです。

今、100年後の教科書にも載るような時代を、私たちは共に生きています。

「あの時代、人々は□を胸に未来へと歩き出した」と書かれるのだと誰かが言いました。

あなたなら□に、どんな言葉を入れますか？

昨年の8月に、ミニマムリッチシリーズの第3弾『本当に必要なことはすべて「ひとりの時間」が教えてくれる』を上梓しました。自粛期間中に読んで、自分と向き合うことができました、と、多くの方からメッセージをいただきました。ありがとうございます。
「おうちで過ごす〝ひとりの時間〟が、私の軸をつくってくれました」という声が、私の背中を押してくれました。

この状況で何もできない自分に苛立ち、落ち込む中、「書くことを通じて、少しでも誰かの心を彩ることができたら」と、私も自分の軸である筆を持ちました。

今の世の中に何かを発信することは、勇気と覚悟のいることだと改めて感じていますが、「サーブを打つことをやめてはいけない」と、自分に言い聞かせています。

この困難な時代に、試合に出させてくれたクロスメディアグループの小早川代表、いつもナイスパスをくれる編集の戸床さん、応援してくださる社員の皆様、そして気持ちが華やぐ素敵なイラストを描いてくださったCato Friend様に、心よりお礼を申し上げます。

どうか一日も早く、皆様の心の空に、そして世界中に、美しい虹の橋がかかりますように。

祈りを込めて。

２０２０年秋　横田真由子

【著者略歴】

横田真由子（よこた・まゆこ）

ミニマムリッチ® コンサルタント／オフィスファーレ代表
株式会社ケリングジャパン（旧GUCCI JAPAN）販売スタッフとして有名人やVIP客の担当となり、3年で店長に昇格。顧客獲得数No.1となる。VIP客のもの選びに女性としての優雅な生き方を学び、独自の「大人エレガンス」を実践する契機となる。
2004年、英語の「Do」と同義語のイタリア語「Fare」を屋号に、「オフィスファーレ」を設立。ものをただ使い捨てるのではなく、選んだものを大切に手入れしながら愛し抜く姿勢に、真の豊かさを感じ、「上質なものを少しだけ持つ人生」＝「ミニマムリッチライフ」を提唱、セミナー、講演、執筆活動を行う。
著書は『本当に必要なものはすべて「小さなバッグ」が教えてくれる』『すてきな靴が一歩ふみ出す自信をくれる』『本当に必要なことはすべて「ひとりの時間」が教えてくれる』（クロスメディア・パブリッシング）など、累計10万部。

［オフィシャルサイト］ http://minimum-rich.com/

毎《まい》日《にち》が楽《たの》しくなる素《す》敵《てき》な色《いろ》づかい

2020年 11月 21日　初版発行

発行　**株式会社クロスメディア・パブリッシング**

発行者　小早川 幸一郎
〒151-0051　東京都渋谷区千駄ヶ谷 4-20-3 東栄神宮外苑ビル
https://www.cm-publishing.co.jp
■本の内容に関するお問い合わせ先 ……… TEL (03)5413-3140 ／ FAX (03)5413-3141

発売　**株式会社インプレス**

〒101-0051　東京都千代田区神田神保町一丁目105番地
■乱丁本・落丁本などのお問い合わせ先 ……TEL (03)6837-5016 ／ FAX (03)6837-5023
service@impress.co.jp
（受付時間　10:00 ～ 12:00、13:00 ～ 17:00　土日・祝日を除く）
※古書店で購入されたものについてはお取り替えできません

■書店／販売店のご注文窓口
株式会社インプレス　受注センター ……………TEL (048)449-8040 ／ FAX (048)449-8041
株式会社インプレス　出版営業部 ………………………………………TEL (03)6837-4635

ブックデザイン　金澤浩二
カバー・本文イラスト　Cato Friend
DTP　荒好見
印刷・製本　株式会社シナノ

ISBN　978-4-295-40476-7　C0030